AF311523

OBSERVATIONS

SUR LES

ROUTES,

SUIVIES

DE

PROPOSITIONS

SUR LEUR AMÉLIORATION ET SUR LEUR ENTRETIEN.

Par A. R. Polonceau,

INGÉNIEUR EN CHEF-DIRECTEUR AU CORPS ROYAL DES PONTS ET CHAUSSÉES, A VERSAILLES,
MEMBRE DE LA LÉGION D'HONNEUR.

A PARIS,

CHEZ CARILLAN-GOEURY, LIBRAIRE DES PONTS ET CHAUSSÉES,
Quai des Augustins, n° 41;

ET DELAUNAY, LIBRAIRE, AU PALAIS-ROYAL.

1829.

VERSAILLES. — IMPRIMERIE DE ALLOIS

OBSERVATIONS

SUR LES ROUTES,

SUIVIES

DE

PROPOSITIONS

SUR LES MEILLEURS MOYENS A EMPLOYER POUR LES RÉTABLIR ET LES AMÉLIORER.

TABLE DES MATIÈRES.

APPENDICE.

OBSERVATIONS
SUR LES ROUTES,

SUIVIES

DE

PROPOSITIONS

SUR LEUR AMÉLIORATION ET SUR LEUR ENTRETIEN.

EXPOSÉ.

Le bon état des routes influe si puissamment sur la prospérité de l'agriculture et du commerce, que les dépenses à faire pour l'assurer et le maintenir doivent être considérées comme l'emploi de fonds le plus profitable pour l'état et pour les particuliers; on doit donc mettre au rang des recherches les plus utiles, celles qui ont pour but d'amener les routes de France au plus haut degré de perfection possible, avec toute l'économie désirable dans les dépenses et dans la consommation des matériaux.

Occupé, par état, de constructions et d'entretien de routes depuis vingt-sept ans, et ayant eu occasion d'examiner les routes de l'Angleterre, j'ai pensé que le tribut de mon expérience et de mes observations pouvait être utile, dans un moment où le gouvernement s'occupe de cet objet, et où une commission est chargée de recherches et d'études sur le meilleur système à adopter pour l'entretien des routes. C'est pourquoi, suivant l'exemple de quelques ingénieurs, et persuadé que dans les questions importantes, la publicité des discussions entre les opinions opposées, est le moyen le plus efficace pour arriver aux meilleures solutions, je me fais un devoir de publier le résultat de mes recherches et de mes réflexions sur ce sujet.

OBSERVATIONS

GÉNÉRALES

SUR L'ÉTAT ACTUEL DES ROUTES EN FRANCE.

Les routes royales sont généralement dans un état passable de viabilité; mais s'il est vrai, comme l'a déclaré dans une brochure récemment publiée, un ingénieur distingué par son instruction et par son expérience, que l'on ait exagéré le mal, en présentant ces routes comme se trouvant dans un état de dégradation très-avancée, il est également vrai de dire que, quoique ces routes soient généralement bien viables, et que les accidens causés par de mauvais pas y soient peu fréquens, elles sont cependant, presque toutes, dans un état fort inférieur à ce que l'on nomme, en termes techniques, l'état d'entretien simple.

Pour le prouver, établissons d'abord ce que l'on entend par route mise à l'état de simple entretien : cet état exige 1° que les accottemens et les fossés soient parfaitement réglés, afin d'assurer l'écoulement des eaux, dont la stagnation est la cause la plus active et la plus habituelle de la détérioration des routes; 2° que les chaussées soient dans une situation telle, quo les dépenses à faire annuellement pour leur conserver ou leur rendre la forme et la résistance primitives, ne dépassent pas la valeur des remplacemens et réparations nécessités par l'usé d'une année.

Ainsi, par exemple, lorsqu'une chaussée pavée est dans des conditions telles que son pavé neuf dure 60 ans, avant d'arriver à l'état de rebut, il faut, pour la conserver en parfait état, un remplacement annuel du 60e de sa superficie en pavé neuf, et des réparations cou-

(3)

rantes sur le reste, en simples repiquages ; et il est évident que si l'on
se bornait à remplacer un 100ᵉ en pavé neuf, au lieu d'un 60ᵉ, le fond
de la route se consommerait, et que l'on arriverait, au bout d'un certain
nombre d'années, à un déficit tel, qu'il faudrait, pour rétablir entièrement la chaussée, et la ramener à l'état d'entretien simple, des fournitures extraordinaires bien supérieures à la proportion moyenne, et
qui exigeraient des dépenses considérables.

De même, pour les routes en cailloutis, dès que la fourniture annuelle de matériaux est inférieure à la quantité qui se broye et s'use dans
le cours d'une année, l'épaisseur, et conséquemment la résistance de la
chaussée, se trouvent évidemment réduites : si cette disposition subsiste
plusieurs années, la route se creuse, les eaux y séjournent, et les roues
atteignent bientôt l'empierrement ; alors la route devient dure et iné-
gale, les couches insuffisantes de cailloux répandues chaque année sont
facilement broyées sur les grosses pierres de l'encaissement, avec lesquelles elles ne peuvent se lier, et leurs débris, pénétrés par les eaux
stagnantes, sont bientôt réduits en boue liquide ; les eaux pluviales et
l'action des gelées et des dégels, pénétrant avec facilité jusqu'au terrain
de la forme, la route finit par se défoncer complètement.

Quand l'épaisseur d'une chaussée en cailloutis est sensiblement ré-
duite, le taux moyen de l'entretien annuel est complètement insuffisant,
non-seulement pour la rétablir, mais même pour maintenir une bonne
viabilité. Il faut, de toute nécessité, commencer par faire un rechargement général assez fort pour lui rendre son épaisseur et sa forme primitives, et maintenir ensuite régulièrement l'entretien ordinaire.

En général, moins la surface d'une route, soit en pavé, soit en cailloutis, est régulière et résistante, moins les réparations qu'on y fait
sont durables, parce que les chocs causés par les inégalités de cette
surface, sont une cause de destruction beaucoup plus puissante que les
simples pressions et les frottemens. C'est pourquoi *il y a toujours un
grand avantage à faire immédiatement les sacrifices nécessaires pour rétablir une route et la mettre à l'état de simple entretien, parce que l'économie
qui en résulte, dans les frais annuels, est toujours supérieure à l'intérêt du
capital employé à sa restauration.*

Il importe de remarquer que l'apparence d'une chaussée qui est dans un assez bon état de viabilité, peut être trompeuse, et que l'on commettrait une erreur grave, si l'on concluait de ce qu'un crédit annuel, constant et uniforme, a suffi pendant plusieurs années pour maintenir cette viabilité, qu'en le continuant, on pourra maintenir toujours la route dans ce même état.

Je vais citer pour exemple les routes du département de Seine-et-Oise, qui me sont plus particulièrement connues.

Routes pavées. Les routes pavées de ce département avaient été faites en général avec beaucoup de soin et avec de très-bons matériaux; elles étaient entretenues très-régulièrement avant la révolution, et les anciens baux (notamment le bail imprimé de 1788, dit le bail vert, qui est un monument dans ce genre) prouvent que l'on faisait remplacer alors exactement, par du pavé neuf, la quantité de pavé qui s'usait annuellement; en sorte que ces routes étaient maintenues constamment à l'état d'entretien simple : la quantité de relevés à bout, c'est-à-dire de relèvemens complets et de reconstructions à neuf, nécessairement différens pour chaque route et même pour chaque partie de route, en raison de sa fréquentation et de la qualité de son pavé, était comprise à cette époque entre les limites d'un 18e et d'un 24e de la surface totale pour les routes de 1re et de 2e classe, actuellement routes royales, et entre celles d'un 20e et d'un 44e, pour les routes de 3e et 4e classe, actuellement routes départementales.

Le déchet du pavé vieux, rebuté et remplacé chaque année par du pavé neuf, était en 1788 du 8e au 12e des surfaces relevées et rétablies à neuf [1]. D'où il suit que la superficie du pavé vieux, remplacé par du pavé neuf, était pour les routes royales en maximum la 144e partie, et en minimum la 192e partie de la superficie entière, et que pour les routes départementales, cette portion variait du 160e au 358e de la

---

[1] Cette proportion pouvait être assez constante sur des routes en bon état, quelle que fût leur classe, parce qu'on relevait à bout les parties de routes qui se trouvaient chaque année à un état de dégradation à peu près uniforme, auquel elles étaient arrivées les unes plus, les autres moins promptement, selon leur fréquentation et la résistance de leur pavé.

route : ces nombres indiquaient donc les durées des pavés d'échantillon, à l'époque dont il s'agit.

Maintenant le déchet varie pour les routes royales du 6e au quart de la superficie relevée, et s'élève sur plusieurs jusqu'au tiers, parce que, faute de fonds suffisans, on ne fait de relevés à bout que quand ils sont indispensables, et que le pavé est hors de service pour avoir été maintes fois retourné et retaillé dans les réparations en repiquages.

La détérioration foncière des routes royales pavées, qu'annonce le résultat précédent, est rendue bien plus sensible encore par la différence entre la quantité de pavés qui s'use annuellement et celle du pavé neuf employé chaque année. Il est constaté, par expérience, que dans ce département la durée du pavé d'échantillon, sur les routes royales de toutes classes, est comprise entre les limites de 40 et de 70 années, et est le plus généralement de 52 années (¹). Cette durée est, sur les routes départementales, de 60 à 80 ans, et moyennement de 68 ans, d'où il suit que le maximum actuel est inférieur de près de moitié au minimum ancien.

Pour empêcher la dégradation des routes de s'accroître, il faudrait que la quantité de pavés vieux remplacés annuellement par des pavés neufs, tant en relevés à bout qu'en repiquages, suivît la proportion de la durée du pavé employé sur chacune d'elles ; mais il n'en est pas ainsi, car sur les routes royales, les fournitures sont comprises entre un 40e et un 300e, et sont en terme moyen la 120e partie de la superficie totale : sur les routes départementales, elles varient entre un 24e et un 200e, et sont en terme moyen de un 92e ; d'où il suit que les fournitures neuves en pavé sont beaucoup moins inférieures à l'usé annuel sur les routes départementales, que sur les routes royales ; en effet, elles ont été sensiblement améliorées depuis plusieurs années,

---

(¹) Le terme moyen n'est pas, dans le cas présent, le milieu entre les limites extrêmes, parce que la proportion croissante du minimum au maximum n'est pas régulière : ce terme moyen est déduit par le calcul des données différentes fournies par chaque route, déduction faite des cas exceptionnels extraordinaires.

(Cette remarque s'applique à tous les termes moyens donnés dans cette notice.)

au moyen des fonds extraordinaires consacrés à en restaurer la majeure partie, d'après les crédits accordés par le conseil général de ce département, qui, composé d'hommes très-éclairés, a constamment voté l'application de sommes considérables à la réparation et à l'achèvement de ses routes ; aussi sont-elles généralement bonnes, malgré leur très-grande fréquentation, et le nombre considérable de voitures très-chargées, et surtout de voitures rapides qui les parcourent.

Le pavé actuellement employé sur les routes de ce département étant généralement tiré des carrières qui ont servi aux anciennes exploitations, et étant fabriqué dans les mêmes dimensions, et exécuté avec le même soin, la différence si grande dans la durée ne peut être attribuée qu'à deux causes, qui agissent également sur la plupart des routes de la France ; la première est l'altération de la surface de la route par défaut d'entretien suffisant ; la seconde consiste dans l'accroissement en nombre et en poids des voitures de roulage ; et principalement dans les environs des grandes villes, dans la multiplication des voitures rapides qui dégradent beaucoup plus les routes que les voitures pesantes, surtout quand elles présentent des inégalités, parce qu'il en résulte des chocs violens, qui aggravent le mal avec une grande rapidité.

Routes
en cailloutis.

Quant aux chaussées des routes en cailloutis du département de Seine-et-Oise, si l'on en excepte celles qui sont heureusement situées sur des terreins secs et élevés, et quelques routes départementales convenablement restaurées depuis peu, il y en a bien peu qui aient le bombement et l'épaisseur nécessaires pour une bonne conservation ; en sorte que le caillou que l'on y place en couches trop minces, portant sur la pierre dure et résistante du fond, et se trouvant habituellement pénétré par des eaux stagnantes et par les boues qui proviennent des accottemens, ne peut ni se lier, ni résister long-temps ; de là vient que l'on consomme, pour maintenir ces chaussées dans un très-médiocre état, plus de matériaux que n'en exigerait le parfait entretien d'une bonne route.

On pourrait citer de nombreux exemples à l'appui de cette assertion, mais ils sont assez visibles et assez généralement connus, pour n'avoir pas besoin de démonstration ; on ajoutera seulement que depuis quinze ans les fonds accordés n'ont jamais permis de faire des rechargemens complets sur les routes royales en cailloutis du département de Seine-et-Oise, et que c'est par ce motif qu'elles ont toujours été dans un état inférieur à celui d'une bonne viabilité. Il y a cependant une exception à faire pour quelques parties intercalaires en cailloutis de la route royale n° 13, de Paris à Cherbourg, comprises entre Meulan et Mantes. Ces parties, fort mauvaises depuis long-temps, avaient excité de justes plaintes; l'administration accorda, sur ma demande, les fonds nécessaires pour leur complète restauration, et depuis elles se sont conservées parfaitement bonnes, avec un entretien ordinaire; ce qui vient à l'appui de la déclaration qui termine l'article précédent.

Insuffisance des crédits.   Il résulte de ce qui précède, que pour les routes du département de Seine-et-Oise, et probablement aussi pour la plupart des routes du royaume, les sommes actuellement employées sont à peine suffisantes pour maintenir une viabilité inconstante et précaire (1); qu'on n'y parvient généralement qu'aux dépens du fond des chaussées, dont l'usé s'accroît chaque année, et que le nombre des transports et celui des voitures rapides s'accroissant graduellement par le développement de l'industrie, du commerce et de la richesse publique, on doit s'attendre à voir dans quelques années les routes entièrement dégradées et même défoncées, si on ne se hâte de leur consacrer les sommes nécessaires pour les ramener à l'état de simple entretien, et pour assurer à l'avenir les moyens de réparer convenablement les dégradations, à mesure qu'elles se produisent.

RECHERCHE DES MOYENS A EMPLOYER POUR POURVOIR AUX BESOINS EXTRAORDINAIRES.

Les sommes nécessaires pour atteindre ce but étant, comme on l'a fait voir, bien supérieures aux crédits ordinaires des budjets, il faut songer à des ressources plus puissantes. A défaut de l'accroissement des

---

(1) Ces données s'accordent avec celles de la Statistique générale des routes royales publiée en 1824 par M. le Directeur général des ponts-et-chaussées, d'après les documens fournis par les ingénieurs de tous les départemens.

impôts actuels, qui ne paraît pas proposable, deux moyens se présentent; l'un est celui des emprunts, l'autre celui des péages.

Des emprunts.   Les emprunts ont plusieurs inconvéniens graves, principalement ceux
d'ajouter à la dette publique, déjà si considérable, et d'engager l'avenir
pour parer au présent, ce qui ne doit se faire que pour satisfaire à des
nécessités impérieuses, et quand il n'y a aucun autre moyen d'y parer:
d'ailleurs, il faudrait toujours trouver les moyens de rembourser ces
emprunts ; on ne le pourrait que par des additions d'impôts, et les
emprunts comme les augmentations d'impôts, pour l'entretien des
routes, auront toujours un vice radical, en ce qu'ils font porter uniformément la charge sur tous les contribuables, tandis que les bénéfices,
qui doivent résulter de l'emploi des sommes à consacrer aux routes, se
répartissent très-inégalement entre les différentes parties du royaume.

Du péage.   Le péage au contraire n'a aucun de ces inconvéniens, et est basé sur
le principe de la justice distributive ; en effet, rien n'est plus juste que
de faire supporter les charges à ceux qui jouissent des bénéfices, dans le
rapport exact de l'usage fait et des avantages obtenus ; c'est ce que fait le
droit de péage sur les routes : cependant, ce mode d'impôts est en général, en France, l'objet d'une prévention défavorable de la part d'un assez
grand nombre de personnes, qui, sous d'autres rapports, savent résister à l'influence des opinions vulgaires ; mais il est aussi vrai de dire
que ce n'est qu'une prévention, due bien plutôt au souvenir des inconvéniens multipliés d'une tentative mal conçue et encore plus mal exécutée, qu'à des vices inhérens à ce système, puisqu'il est suivi depuis
long-temps en Angleterre, dans les Pays-Bas et en Amérique, les trois
états dans lesquels les routes sont le mieux entretenues, et les transports
les moins dispendieux ; et l'on ne voit pas que leurs peuples, en général
peu disposés à se soumettre aux gênes des institutions fiscales, et surtout de celles qui entravent les libertés privées, en éprouvent aucun inconvénient sensible ; il est au contraire très-remarquable qu'ils sont tous
partisans de cette mesure, qui, bien qu'elle ait été d'abord, chez eux,
comme elle est encore chez nous, l'objet d'une prévention aveugle, est
devenue populaire, parce qu'on a bientôt reconnu combien elle était

(9)

préférable à un impôt direct, toujours plus onéreux (surtout pour
les petites propriétés, qui sont partout les plus nombreuses), et dont
l'application au but spécial n'est jamais aussi sûre; il n'est d'ailleurs personne qui ne puisse reconnaître, avec un peu de réflexion, combien il
est préférable de se soumettre au léger désagrément de payer à une barrière pour passer commodément sur un pont ou sur une bonne route,
plutôt que d'être exposé sans cesse aux embarras et aux dangers d'un
passage difficile ou d'un mauvais chemin, où l'on subit nécessairement,
par l'augmentation des frais de transports et par ceux qu'occasionnent
les accidens, un impôt accessoire qui absorbe les ressources de chacun,
sans qu'il en résulte aucun avantage pour qui que ce soit, si ce n'est
pour les fabricans de voitures et de harnais; et remarquons encore que
les travaux, qui se paient directement avec les fonds du trésor public,
sont suspendus ou restent en souffrance dans tous les cas graves, comme
dans les temps de guerre, et lors des mouvemens politiques, et que ce
sont là les principales causes des dégradations de nos routes, tandis que
ces causes ne peuvent avoir aucune influence sur les travaux qui se
paient au moyen de fonds spéciaux, indépendans de l'action du gouvernement.

Sous le gouvernement précédent, on avait raison de regarder l'impôt
des barrières comme un impôt additionnel déguisé, puisque l'on ne
pouvait avoir aucune certitude de la diminution correspondante qui
devait se faire dans les autres branches de l'impôt, en raison des sommes
affectées aux réparations des routes, et qui n'avait réellement pas lieu;
mais sous le gouvernement paternel et représentatif dont nous jouissons,
et où les budjets sont toujours publiquement discutés, on aura la certitude de cette diminution par le retranchement indubitable, dans le
budjet, des sommes destinées à l'entretien des grandes routes, et qui
sont loin d'y suffire. Un moyen certain de rendre la réduction sensible
aux classes les moins aisées, et de donner de la popularité à cette mesure, serait de faire porter la réduction, d'une manière patente, sur
l'une des branches les plus onéreuses des impôts indirects, telle que l'impôt du sel.

Le produit du péage des barrières qui ont été établies en France, était
bien destiné aux réparations des routes; mais outre que c'était bien

moins une modification dans le mode de perception, qu'un impôt additionnel, l'application de ses produits n'était pas directe, puisque le gouvernement la faisait arbitrairement, et pouvait détourner une partie des fonds de leur véritable destination. Il était assurément dur de payer à la barrière, et de rester exposé aux inconvéniens et aux dangers de mauvais chemins, au rétablissement desquels ces péages devaient être affectés; d'ailleurs, cet impôt pesait fortement sur l'agriculture, et sa perception n'était ni simple ni facile; mais on peut la rendre beaucoup moins gênante pour le public, par une administration mieux entendue, en affranchissant l'agriculture, et en facilitant les abonnemens pour les passages fréquens et réguliers. On pourrait encore admettre la facilité de rachat de quelques parties de routes, par des communes et par des particuliers intéressés, qui se chargeraient directement de leur entretien.

On ne peut se refuser à reconnaître que cet impôt est, sous le rapport de la répartition, le plus juste et le plus doux de tous; son application est nécessairement conforme aux règles de l'équité, puisque ceux-là seulement y contribuent, qui causent les dégradations des routes; que chacun est imposé en raison directe de l'avantage qu'il retire de leur usage et du dommage qu'il y cause, et que de plus sa perception étant toujours dans le rapport de la fréquentation, elle en suit inévitablement toutes les variations, et est en conséquence toujours dans un véritable équilibre avec les besoins auxquels elle doit faire face (¹).

On peut ajouter que ce genre d'impôt a, par son mode de perception, les avantages des impôts indirects, sans en avoir les inconvéniens, puisqu'il n'exige aucun exercice, et que les frais de recouvrement peuvent être réduits à une très-faible proportion, par un bon système d'administration, comme le prouve l'exemple de l'Angleterre; et il faut encore

---

(¹) Quand les voitures qui passent sur les routes ou ponts paient en proportion de leur poids, elles paient pour l'entretien des travaux publics, exactement en raison du dommage qu'elles occasionnent: il semble impossible de trouver un moyen plus juste de fournir aux frais de construction et de réparation de ces travaux. (*Richesse des Nations*, d'Adam Smith, 3ᵉ vol.)

remarquer que cet impôt serait presqu'entièrement payé par le commerce, qu'il est destiné à favoriser, par ceux qui font des constructions, qui sont ordinairement aisés, et par les voitures et les chevaux de luxe. Il soulagerait à la fois les habitans des départemens qui environnent la capitale, ou qui renferment les principales villes du royaume, dont les routes sont fatiguées par le passage continuel des voitures extérieures, et ceux, qui, fixés par un sort opposé dans des pays peu fréquentés et fort éloignés des routes à l'entretien public, payent leur part des dépenses qu'elles exigent, aussi bien que ceux auxquels elles profitent le plus; enfin, il ferait contribuer les nombreux étrangers qui parcourent nos routes, avantage très-réel, que n'atteint aucun autre mode.

Il serait sans doute facile d'établir un tarif simple, en raison combinée du nombre de roues, de celui des bêtes de trait, des largeurs de jantes et de la vitesse, en favorisant le roulage lent ordinaire et les voitures à quatre roues, afin de réduire par là le nombre de celles qui n'en ont que deux, et de celles qui marchent au trot, parce qu'elles sont les plus nuisibles aux routes: quant à l'application des fonds, elle devrait nécessairement être directe, au moyen d'une loi spéciale.

L'objection la plus sérieuse, que l'on élève et que l'on reproduit sans cesse contre le rétablissement du péage sur les routes, est fondée sur la proportion des frais exorbitans qu'exigeait la perception de cet impôt aux barrières, lors de la malheureuse épreuve qui a déjà été faite en France; mais il faut observer que cet inconvénient n'était dû qu'aux vices de la marche qui fut alors suivie, et ne doit être considéré que comme la preuve évidente du désavantage du mode alors adopté, comparativement au système suivi en Angleterre et en Amérique. En effet, en France on fit d'abord construire un grand nombre de bureaux et de barrières, on nomma des agens salariés, et l'on commença par percevoir au compte du gouvernement, qui fut mal servi et trompé, parce que la surveillance eût exigé des armées d'employés, et qu'une véritable vérification était à peu près impossible; pour échapper à ces inconvéniens reconnus, on établit ensuite des fermages généraux pour plusieurs routes, à charge de conserver les bureaux, barrières, etc. ; on dut nécessairement perdre sur le produit les gros bénéfices des fermiers, qui, n'ayant pas encore de données certaines, ne voulant pas se hasar-

der, faisant percevoir par des intermédiaires qu'ils ne pouvaient surveiller que très-imparfaitement, et exposés à des chances assez nombreuses, ne soumissionnaient qu'à des prix fort inférieurs aux recettes
réelles.

En Angleterre, au contraire, les péages s'établissent, autant que
possible, dans les lieux habités, et on aime mieux perdre le produit
de quelques embranchemens de peu d'importance, que de trop multi-
plier les bureaux, ou de rendre la perception plus difficile et plus dis-
pendieuse. Dans les parties les mieux administrées, on adjuge séparément chaque péage partiel dans le lieu où il se perçoit; le produit y
étant bien connu, il y a concurrence, et l'adjudicataire est ordinairement un habitant du lieu qui peut exercer un état, tout en veillant à
sa perception, qui se fait facilement par sa femme et même par ses
enfans; il s'ensuit que le produit net diffère peu du produit brut, dont
on n'a à défalquer que le bénéfice nécessaire et légitime du percepteur,
réduit au minimum par la concurrence; ainsi, point d'agens salariés,
point d'inspecteurs ni de frais d'administration, point de vols à craindre;
les infractions aux règlemens sont rares, parce que la loi qui les punit
est rigoureuse et exactement appliquée, en sorte que personne n'est
tenté de s'exposer à des peines graves pour un mince intérêt; et encore
les percepteurs aiment-ils mieux souvent laisser sans aucune poursuite
des infractions légères, que de rendre l'impôt trop vexatoire, et ils en
ont bien la faculté, puisque le public n'y perd rien; loin de poursuivre
avec violence, comme le font ordinairement les agens du fisc, ceux qui,
par inadvertance, ou même avec intention, passent sans s'arrêter au
bureau, les personnes chargées du péage se bornent souvent à les prévenir, en leur disant, vous payerez au retour; et on n'emploie les moyens
coercitifs, que quand il y a intention de fraude marquée et récidive.
Quant aux contestations relatives aux contraventions, le meilleur moyen
à employer est sans doute un jury municipal, composé de plusieurs
propriétaires notables du lieu, qui seraient chargés de prononcer immédiatement, sommairement et sans frais.

Il est assurément à regretter que ceux qui ont essayé d'introduire
le péage en France, négligeant de profiter de l'expérience acquise chez

nos voisins, et qu'il leur était si facile de consulter, aient suivi un système si différent et si défectueux, dont les vices ont seuls produit de si mauvais résultats. L'objection souvent répétée, sur les frais de perception, est donc tout-à-fait sans fondement, et entièrement réfutée par l'exemple, bien facile à vérifier, de ce qui s'exécute avec tant d'avantages si près de nous (¹).

Il serait aussi peu raisonnable de rejeter ce mode, uniquement à cause du peu de succès de la première tentative, que de proscrire le régime constitutionnel et représentatif, à cause des malheurs qui ont suivi le premier essai qui en a été fait en France en 1790, malheurs qui ne doivent point être attribués au système de gouvernement, auquel deux peuples puissans doivent leur prospérité, mais bien à quelques vices graves dans les premières institutions, à des fautes nées de l'inexpérience, aux passions de quelques ambitieux, et surtout à ce qu'on n'avait pas donné assez de force et de fixité aux bases du nouvel ordre établi.

La question de l'établissement des péages sur les routes me paraît si importante, que je ne puis me dispenser d'entrer encore dans quelques développemens pour en démontrer l'utilité et même la nécessité. En effet, qui n'est convaincu de l'impuissance des moyens dont le gouvernement peut maintenant disposer pour le rétablissement des grandes routes, puisque les fonds qu'il y consacre suffisent à peine pour arrêter les progrès de leurs dégradations qui excitent de toutes parts de nombreuses plaintes? Et quel est l'homme un peu observateur qui ne sente le danger d'un tel état de choses, et de celui plus fâcheux encore dont

---

(¹) En Angleterre, le péage est rarement le seul moyen employé pour assurer l'entretien des routes ; ce mode est ordinairement combiné avec celui des prestations en nature par les communes voisines et intéressées, parce que, dans l'origine, celui-ci a été le seul employé, et que les péages n'ont été admis d'abord, que dans le but de soulager les communes traversées par des routes fréquentées, et ensuite pour favoriser des établissemens nouveaux, tels que l'ouverture d'une route ou d'un canal, ou pour faciliter les perfectionnemens des routes ou canaux existans; mais cette combinaison, vicieuse au fond, ne paraît point convenable pour nous, et semble présenter plus d'inconvéniens que d'avantages pour les grandes routes : elle serait au plus admissible pour les routes de 4ᵉ ordre, dites routes départementales.

(14)

nous sommes menacés pour l'agriculture, pour les manufactures et
pour le commerce, qui ont un si grand besoin de secours, et qui ne
peuvent en recevoir de plus réels, que ceux que produiront l'amélioration et la multiplication des routes et des canaux, à la prospérité
desquels l'agriculture elle-même est si intéressée (¹).

Pour rejeter ce mode, il faudrait en trouver un qui fût plus avanta-
geux, plus simple et aussi sûr; or, cela paraît, sinon impossible, du
moins extrêmement difficile; car les états les mieux gouvernés n'ont
encore trouvé d'autres moyens de remplir ce but que les péages ou les
impôts indirects, qui sont loin d'être aussi justes dans leur répartition,
et aussi faciles dans leur perception, et qui d'ailleurs ne peuvent contribuer en rien, comme le ferait l'établissement des péages des routes,
à favoriser la navigation intérieure et l'achèvement des routes en lacune,
l'exécution des routes qui manquent encore, et l'amélioration des chemins vicinaux; car c'est véritablement là, on ne peut trop le répéter,
c'est là le but essentiel que l'on doit se proposer dans l'adoption d'un
système général de péage; on ne peut en effet encourager et déterminer
l'établissement de nouvelles routes et de nouveaux canaux qu'en établissant des péages généraux sur les grandes routes et sur les rivières
navigables, parce que, comme le dit avec beaucoup de raison mon
ancien ami et collègue, M. Cordier, dans l'introduction de son excellent ouvrage sur la navigation intérieure : « le système de péage est la
» base de tout système de concession pour l'exécution des travaux pu-

---

(¹) Il importe encore de remarquer que l'adoption du péage sur toutes les routes
classées, serait le meilleur moyen d'achèvement de leurs lacunes, parce que l'on n'aurait qu'à concéder le péage de ces parties à ceux qui se chargeraient de leur exécution,
sauf à accorder un tarif plus élevé que le tarif commun, s'il était nécessaire, pendant
un temps déterminé pour le remboursement des avances : de plus, l'établissement général du péage donnerait immédiatement et naturellement les moyens d'améliorer es
chemins vicinaux les plus importans, sans toutes les difficultés presqu'inévitables qu'entraîne l'application des réglemens existans, ainsi que les embarras et les inconvéniens
des prestations en nature, puisqu'il ne s'agirait que de soumettre ces chemins au péage
soit temporaire pour l'exécution seulement, lorsqu'on pourrait assurer autrement l'entretien, soit continu avec réduction pour y pourvoir plus sûrement ou plus complétement,
selon qu'il conviendrait aux communes.

» blics; il faut qu'il soit général pour donner des resultats certains, et
» l'on ne pourra espérer de voir, si ce n'est dans quelques cas très-rares,
» des compagnies entreprendre l'ouverture de nouvelles routes, ou de
» nouveaux canaux avec péage, tant que près de là se trouveront des
» voies de transport qui en seront affranchies. »

Il est facile de se convaincre, en réfléchissant un peu sur ce sujet, si
digne d'être médité, qu'il existe entre le mode de construction et d'entretien des routes et des canaux, une connexité telle, que l'établissement du péage sur les routes est le préliminaire de leur restauration
et de l'établissement d'une bonne navigation intérieure; par récipro-
cité, celle-ci, facilitant les transports à meilleur compte, procurerait
un grand soulagement aux routes, et par conséquent une diminution
très-sensible dans les dépenses de leur entretien.

En y réfléchissant, on sentira bientôt que l'établissement général du
péage sur les routes, sur les rivières naturelles et sur les canaux, est le
seul moyen d'assurer ce double bienfait, qu'il paierait bientôt au commerce, au centuple, les avances qu'il en exigerait, et qu'il procurerait
immédiatement un soulagement très-réel des charges que les impôts
directs et indirects ordinaires font peser plus particulièrement sur les
malheureux. Ce rétablissement est donc à la fois la mesure la plus utile
et la plus favorable à l'industrie et à l'agriculture, et c'est en conséquence
un devoir, pour tout homme éclairé, de chercher à dissiper les préventions et les préjugés trop répandus sur un système qui présente tant
d'avantages.

Il n'est pas étonnant que le gouvernement, qui connaît les préventions
existantes, hésite à prendre l'initiative sur une mesure considérée
comme impopulaire, quand bien même il serait déjà convaincu de tous
ses avantages; pour qu'il puisse en faire la proposition, il faut qu'il
y soit invité par l'expression des vœux des hommes capables de bien
juger les conséquences d'une semblable mesure, et qui puissent, par
leurs lumières, leur position et leur caractère, être considérés comme
les véritables organes de l'opinion publique éclairée : ces hommes sont
les pairs de France, les membres de la chambre des députés et les membres des conseils généraux des départemens. Déjà dans celui de Seine-
et-Oise, l'un des plus importans de la France, par sa situation, par sa

richesse, par sa population, et par le nombre des hommes marquans et des grands fonctionnaires qui l'habitent, le conseil général qui, parmi ses membres, recommandables à plusieurs titres, en compte plusieurs qui appartiennent aux deux premiers corps de l'état, a exprimé dans deux sessions consécutives son vœu pour le rétablissement général du péage sur les routes du département ; et dans sa session dernière ce conseil a accueilli et recommandé au gouvernement la demande de plusieurs propriétaires éclairés, pour l'établissement d'un péage, comme le meilleur et le seul moyen d'assurer la réparation et le bon entretien de chemins vicinaux importans. Puisse cet exemple être bientôt suivi dans les autres départemens, et l'expression de vœux semblables, répétés dans les chambres, donner au gouvernement l'appui nécessaire pour la proposition d'une mesure aussi éminemment utile.

On pourrait objecter avec raison à l'établissement du péage, que s'il devait fournir à la fois les sommes nécessaires pour la restauration complète des routes , et pour leur entretien annuel, il serait nécessaire d'élever beaucoup le tarif pendant un certain nombre d'années ; que si au contraire on se bornait à un péage modéré, on éloignerait beaucoup l'époque de la restauration des routes , tandis qu'il importe de l'accélérer, parce qu'on jouira plus tôt de la réduction dans les frais d'entretien annuel qui en sera le premier résultat, et que d'ailleurs il est nécessaire, sous plusieurs rapports, de faire marcher la restauration de concert avec l'établissement du péage, dont elle serait à la fois une condition et une conséquence,

MOYENS D'EXÉCUTION.

Pour parvenir à ce but, je proposerais de commencer par augmenter pour 1830 la somme votée annuellement pour les routes royales dans le budjet de l'état, et de la fixer à environ 40 millions, afin de les mettre généralement en 1830 dans un bon état de viabilité; dans le cours de l'année prochaine, on préparerait l'emploi de cette somme, et l'année suivante on exécuterait les travaux et on ferait les dispositions nécessaires pour l'établissement général du péage, qui commencerait au 1ᵉʳ janvier 1831. A partir de cette époque, on maintiendrait encore au budjet pendant 5 ans une somme annuelle de 20 millions, qui serait entièrement consacrée à la restauration complète des routes, le produit du péage ne devant servir qu'aux frais de simple entretien ; en employant ces moyens, on amènerait certainement, en six ans, toutes les routes royales de France existantes, c'est-à-dire, qui ont des chaussées régulières, à un parfait état d'entretien (¹) ; on ne comprendrait pas dans les travaux à exécuter sur ces fonds, les grands ouvrages d'art, c'est-à-dire, l'entretien des digues qui protègent les routes, et celui des ponts de plus de deux arches, ou de plus de 10 mètres d'ouverture totale, dont les dépenses d'entretien, de restauration ou de reconstruction feraient l'objet d'un budget spécial pour chaque année.

Quant au taux du péage à établir pour l'entretien ordinaire des routes, nous pensons qu'il devrait être calculé de manière à produire sur chacune une somme à peu près égale au taux moyen des crédits accordés pendant les 5 dernières années pour son entretien ordinaire, y compris les entretiens et reconstructions des petits ouvrages d'art, parce que ces allocations sont généralement réparties proportionnellement aux besoins réels constatés par une longue expérience, et que ces sommes, trop faibles maintenant pour un bon entretien, seraient certainement plus que suffisantes, quand les routes seraient ramenées à l'état de simple entretien, soumises à un meilleur régime de réparations, et protégées par des réglemens mieux entendus pour la police du roulage. Ce mode a d'ailleurs l'avantage d'éviter toutes les difficultés et les lenteurs d'un nouveau système de répartition, qui en définitif devrait différer peu de celui qui existe.

Le produit total du péage ainsi calculé, et y compris les frais et les bénéfices légitimes de la perception, peut être évalué à 20 millions environ par année, somme égale à celle que, d'après les propositions qui précèdent, le trésor fournirait concurremment pendant cinq années à partir du 1ᵉʳ janvier 1831.

(¹) Les baux existans pour l'entretien des routes ne seraient point un obstacle à l'application de ces mesures, parce qu'on pourrait donner aux adjudicataires l'option entre la résiliation de leurs marchés, et l'exécution aux prix de leurs adjudications des nouveaux travaux, généralement semblables aux anciens, et à peu près équivalens quant aux sommes à dépenser annuellement sur chaque route.

D'ailleurs, il serait loisible de modérer ou d'augmenter postérieure-
ment les tarifs, dans quelques localités, lorsque l'expérience en démon
trerait la nécessité, soit par suite des inexactitudes constatées dans les
rapports des répartitions actuelles, soit par des accroissemens ou des
diminutions de fréquentation.

Au reste, il ne faut pas croire que pour produire annuellement
20 millions, il soit nécessaire d'élever beaucoup les tarifs ; on peut reconnaître dans chaque localité, par des observations faciles, que le
nombre considérable de voitures de toute espèce, qui fréquentent con-
tinuellement nos routes, permettrait de les établir à un taux modéré ;
il y a lieu de croire que ce tarif serait suffisant et convenable en le fixant
à 10 centimes par cheval et par lieue de 4,000 mètres pour les voitures
lentes, et à 20 centimes pour les voitures qui vont au trot.

Les routes qui sont à la charge des départemens devraient sans doute
être soumises au régime du péage, en même temps que les routes royales,
parce qu'en cas contraire, un grand nombre de ces routes seraient ex-
posées à être écrasées par le roulage, qui se détournerait des lignes
directes pour éviter de payer les droits, et qu'on manquerait en partie
le but important et les avantages qui doivent résulter de la mesure
adoptée généralement pour l'achèvement des lacunes des routes, pour
l'amélioration des chemins vicinaux, et surtout pour l'exécution des
canaux et des chemins de fer, nécessaires pour permettre à notre industrie de rivaliser avec celle de nos voisins ; néanmoins, il est juste de
laisser aux conseils généraux la faculté de choisir le mode qu'ils jugeraient préférable dans chaque département, pour parvenir dans un
temps déterminé à restaurer les routes, de manière à les amener à l'état
d'entretien simple, et pour opérer un bon entretien ; mais on doit penser
que la presque totalité des départemens adopterait le mode du péage
dès qu'il serait établi sur les routes royales : c'est pourquoi ce que nous
venons de dire sur l'application de ce mode à l'entretien des routes
royales, peut s'appliquer aux routes départementales, avec cette seule
différence, que les conseils généraux des départemens, qui adopteraient
le péage, auraient à déterminer pendant combien de temps l'addition
des affectations actuelles sur les centimes additionnels serait nécessaire, pour amener ces routes à l'état d'entretien simple, avec les secours des produits des péages.

AMÉLIORATION DES ROUTES.

Les propositions qui précèdent sont basées sur la supposition que les routes royales et départementales seraient restaurées dans leur système actuel; cependant, il est bien désirable d'y faire diverses améliorations, dont le besoin, réclamé depuis long-temps par les personnes qui ont voyagé en Angleterre, en Hollande ou en Amérique, est chaque jour senti plus généralement; je veux parler surtout de l'élargissement des chaussées, de la suppression des accottemens, et de l'établissement de trottoirs. Je vais indiquer la manière dont je pense qu'il serait convenable d'exécuter ces divers perfectionnemens : je traiterai ensuite l'importante question du meilleur mode d'exécution à adopter pour l'entretien des chaussées, qui réclame aussi des améliorations (¹).

Élargissement des chaussées.

L'élargissement des chaussées en cailloutis est toujours facile, et peut, sans inconvénient, se faire progressivement par des additions latérales ; celui des routes pavées présente plus de difficultés, parce qu'on est obligé de l'exécuter en une seule fois pour chaque côté de la route, à cause du déplacement et du replacement obligés des bordures, et surtout parce qu'il serait très-dispendieux, et exigerait des fournitures considérables de pavés, qui avanceraient l'épuisement des carrières, déjà sensible sur plusieurs routes, et en éleverait les prix; c'est pourquoi il semblerait plus convenable, sauf près des carrières assez abondantes, de faire ces élargissemens en cailloutis; le seul inconvénient serait la séparation trop régulière des deux corps de chaussées, suivant la face ex-

---

(¹) Comme plusieurs des observations et des propositions qui suivent pourraient paraître puisées dans des mémoires et rapports publiés depuis peu, je dois faire connaître que mes propositions, ainsi que mon opinion sur l'utilité de l'adoption du système de péage, et sur diverses améliorations de nos routes, ont été consignées, en 1823, dans un mémoire que j'ai présenté à M. le directeur général des ponts et chaussées, au retour d'un voyage en Angleterre, qu'il m'avait autorisé à y faire, pour examiner les routes et les barrages éclusés de la Tamise. J'ai pensé qu'il pourrait être utile de publier ces documens et ces vues, aujourd'hui que le public s'occupe de ces importantes questions ; c'est pourquoi je les reproduis avec des observations et des développemens que la réflexion et l'expérience m'ont suggérées depuis.

térieure des bordures , où les ornières se formeraient promptement ; mais on pourrait y remédier facilement. En effet, les bordures, qui sont destinées à épauler la chaussée pavée, doivent être fortes et présenter de larges faces, quand elles sont simplement appuyées contre des terres , souvent amollies par les pluies ; mais elles ne seraient nullement nécessaires dans des chaussées encaissées entre de bons empierremens ; on pourrait donc les enlever, et elles serviraient, étant refendues, à la réparation du pavé, sans autres frais que celui de la taille sur place ; alors le cailloutis engrenant dans les bords de la chaussée, suivant une ligne rendue irrégulière par la coupe des joints des rangs de pavé ordinaire, il y aurait bien plus de liaison , et les débords se formeraient bien plus difficilement.

Cette suppression des bordures produirait une économie réelle dans l'exécution des routes et dans leur entretien , parce qu'elles en sont la partie la plus chère en fourniture et en emploi. Les plus grosses et les plus irrégulières pourront être placées de distance en distance au pied des trottoirs que je propose d'établir sur les portions restantes des accottemens ; elles seraient en partie engagées dans le talus de ces trottoirs , et serviraient à les défendre de l'approche des voitures, surtout à l'entrée des petits conduits qui doivent y être ménagés de temps à autre, pour le dégorgement des eaux de la chaussée.

Trottoirs. Ces trottoirs seraient formés avec les déblais extraits des accottemens pour l'élargissement des chaussées, au moyen d'un simple jet de pelle, et sans autres frais que ceux de régalement ; l'un de ces trottoirs serait destiné au dépôt des approvisionnemens de matériaux pour l'entretien , et l'autre au passage des piétons, et ils auraient tous les deux une pente transversale en dehors de la route.

Quant aux rigoles destinées à rejeter les eaux de la chaussée dans les fossés, elles traverseraient le trottoir destiné aux piétons , au moyen de pierrées couvertes ; pour l'autre trottoir, il suffirait de simples tranchées découvertes, très-faciles à entretenir. Au moyen de ces dispositions, on supprimerait entièrement les accottemens, qui ne sont facilement praticables que pendant une petite partie de l'année, et qui contribuent si puissamment à la dégradation des chaussées, par l'humidité qu'ils communiquent à la forme, et par les boues que les voitures en détachent ;

les chaussées suffisamment larges pour le croisement facile des voitures, ne seraient jamais obstruées par les dépôts de matériaux, qui deviennent souvent des occasions d'embarras et d'accidens, et les piétons auraient un passage sûr et commode en tout temps. ..

Nous avons indiqué dans les profils ci-joints les dimensions et pentes, qu'il nous paraîtrait convenable d'adopter pour les diverses parties de routes de toute classe. Les largeurs des chaussées entre les trottoirs séraient, pour les routes royales de 1re classe, de 7 mètres; pour celles de 2e classe, de 6 mètres 50 cent., et pour celles de 3e classe, de 6 mètres; leurs largeurs pourraient être portées à 8 mètres à proximité des grandes villes. Les chaussées des routes départementales auraient 6 mètres, et 5 mètres au minimum; les largeurs des trottoirs seraient variables depuis 1 jusqu'à 4 mètres, en raison de l'importance de chaque route, et de la nature des matériaux à approvisionner.

Fossés. — Nous proposons de donner aux fossés des largeurs moins grandes que celles des fossés existans, parce qu'elles sont réellement trop considérables, surtout dans les parties où la pente est suffisante pour assurer l'écoulement des eaux. En général, les fossés de la plupart de nos grandes routes, situées dans les pays de plaine, sont disposés plutôt comme des réservoirs destinés à recueillir et à absorber les eaux par une infiltration lente, que comme des conduits destinés à les écouler. Il en résulte que ces eaux dormantes pénètrent sous les accottemens et jusque sous les chaussées, et sont une cause habituelle de leur dégradation; ces inconvéniens proviennent surtout de ce que la plupart des fossés sont barrés de distance en distance par des chemins ou des traverses en terre, sans conduits de communication, et de ce que, dans beaucoup d'endroits, ils sont remplacés par de simples cuvettes placées entre les arbres. La pénétration des eaux étant la cause la plus constante et la plus active de la destruction des routes, on devrait mettre le plus grand soin à ne jamais leur permettre d'y séjourner, et à les en éloigner le plus complètement possible : pour cela, il faut profiter des pentes naturelles du sol, pour diriger les écoulemens des points élevés aux plus bas, et établir des communications libres sous tous les chemins ou obstacles quelconques, par des ponceaux, des pierrées, ou par de simples tuyaux en fonte ou en brique, et même en bois bitumé, selon l'importance de la route et les localités.

Il y a à considérer ici deux cas particuliers, qui seuls peuvent présenter quelques difficultés ; l'un concerne les terrains dont la pente est
telle, que le libre écoulement des eaux peut produire des dégradations
en ravinant les fossés ; et l'autre, le cas contraire, où le sol est presque
de niveau sur une grande étendue.

Lorsque la pente naturelle du fossé peut faire craindre des affouille-
mens, il faut faire de distance en distance de petits barrages en pierres
sèches, disposés en arcs de cercle, dont les bords doivent être bien
enracinés de part et d'autre dans le terrain ; on doit seulement avoir
soin de placer une pierre forte, un peu concave, au centre du bar-
rage, et de relever les deux bords pour centraliser le petit courant,
et l'empêcher d'entamer les côtés du fossé ; on forme à l'aval, avec
de fortes pierres, une espèce de cuvette dans laquelle la vitesse des
eaux se rompt par la chute, de manière à prévenir tout affouillement.
On peut aussi faire de petits barrages de ce genre avec des bois, et
même les exécuter en terre revêtue de gazons piquetés, lorsque les
eaux sont peu abondantes et la pente peu rapide.

Dans le second cas, c'est-à-dire quand le sol est presque horizontal,
on peut, lorsque les points de dégorgement ne sont pas très-éloignés,
obtenir une pente suffisante par la différence de profondeur des fossés,
en leur donnant à l'origine celle d'une simple rigole, et en l'augmentant
progressivement jusqu'à un mètre et plus de profondeur à l'extrémité
opposée.

Quand la route et les terrains environnans sont de niveau sur une
grande étendue, il faut établir de distance en distance des puisards qu'on
doit creuser jusqu'au terrain perméable et curer de temps en temps ;
on donne aux fossés qui se rendent aux puisards une pente convenable,
par le moyen proposé ci-dessus.

Plantations.

Quant aux plantations, je serais d'avis qu'elles fussent toutes placées
hors de la route, sur les terrains riverains, en laissant aux propriétaires
la faculté d'en jouir et disposer en toute liberté, sous de simples conditions
réglementaires, qui consisteraient, 1º à déterminer la distance des arbres
entr'eux, qui pourrait être fixée dans les limites de 8 à 12 mètres,
suivant les essences. 2º A prescrire leur éloignement du bord extrême
des fossés, qui pourrait être de 2 mètres. 3º Dans l'obligation de planter
toujours deux essences différentes alternées, d'en élaguer une régu-

lièrement tous les 3 ans, à une hauteur uniforme, qui serait déterminée dans chaque localité suivant les essences. 4° De ne jamais laisser
subsister aucune branche qui ne serait pas élevée à 3 mètres au moins
au-dessus du plan des trottoirs. 5° De faire les abattages et remplacemens
en lignes générales par essence, c'est-à-dire, de 2 en 2 arbres. Et 6° enfin
de ne pouvoir abattre les arbres de l'une des deux essences, qu'après un
délai de 5 ans au moins, à dater de la plantation intercalaire de l'autre
essence, pour que les routes ne soient jamais entièrement dégarnies(¹).

Il est facile de juger qu'en suivant ces dispositions, les routes ne
seraient jamais complètement ombragées, ni entièrement dépouillées,
comme il arrive dans le système actuel, puisque l'élagage alternant tous
les trois ans, de deux en deux arbres, il y aurait à la fois un ombrage
régulier et suffisamment d'espace libre entre les arbres non élagués,
pour aérer les routes, et donner passage aux rayons du soleil. L'inter-
position de deux essences régulièrement alternées a encore l'avantage de
donner une variété de feuillage sans irrégularité, et de permettre les remplacemens d'une essence par une essence différente, sans qu'il en résulte aucune disparate, comme dans les renouvellemens partiels du système actuel.

Cette méthode a déjà été adoptée depuis plusieurs années sur quelques
parties des routes du département de Seine-et-Oise, d'après mes propositions, par des propriétaires éclairés. En supposant pour exemple une
plantation nouvelle en ormes et en peupliers alternés, elle sera bientôt
garnie par la croissance rapide des peupliers; ceux-ci atteignant en
quinze ou vingt ans leur élévation totale, seront abattus au bout de ce
terme, où leur ombrage pourrait commencer à nuire à la route et au

---

(¹) Les différences dans la nature du sol et les usages anciennement établis, pourront
exiger des modifications aux règles générales proposées, et des mesures transitoires
pour passer de l'état actuel à un meilleur ordre. Les conseils généraux des départemens
devront être consultés sur les dispositions réglementaires applicables à chaque localité.
Les arbres fruitiers, et particulièrement les pommiers, étant très-nuisibles aux routes,
parce qu'ils forment un rideau bas et épais, nous pensons que dans les contrées où on
jugerait à propos de les conserver, il faudrait les espacer beaucoup plus, et fixer la
hauteur des branches inférieures à 3 mètres au moins au-dessus du sol de la route.

développement des arbres voisins, qui à cette époque commencent à
s'élever; et qui, entièrement dégagés par cet abattage, et bien aérés,
prendront une croissance plus rapide; on mettra, dans les emplacemens
des peupliers, un jeune plant d'une espèce de bois dur, par exemple
des frênes, et quand ces jeunes arbres auront pris un grand développement, on abattra l'ancienne plantation d'ormes qui aura environ
cinquante ans, et elle sera remplacée par une espèce nouvelle en bois
blanc; on voit que par ce mode il y aura à chaque plantation nouvelle
changement d'essence et même de qualité de bois dans les mêmes emplacemens; qu'il y aura toujours variété, et cependant aussi toujours
symétrie.

En laissant aux riverains la propriété de toutes les plantations par la
vente de toutes celles qui appartiennent à l'état, on évitera les embarras
que donnent à l'administration les soins des plantations, qui sont des
sources de difficultés continuelles par leur position au bord des propriétés riveraines, et par le défaut de surveillance suffisante pour les pro-
téger contre les intérêts opposés; de plus, en laissant aux propriétaires
la liberté d'aménager ces plantations, comme il leur conviendra, et de
les mettre en coupe réglée comme des bois ordinaires, on les encoura-
gera à soigner leurs arbres, et on rendra ces plantations beaucoup plus
utiles pour l'industrie, parce que leurs bois pourront être livrés au
commerce à l'époque de leur plus grande valeur; tandis que dans le
système actuel, les arbres ne pouvant être abattus que quand ils sont
couronnés sur deux mètres de hauteur, ils ont déjà perdu une partie
de leurs qualités, et donnent beaucoup plus de bois de chauffage mé-
diocre, que de bois de service. Nous pensons qu'il serait très-utile d'or-
donner immédiatement le dédoublement de toutes les plantations existantes, pour lesquelles la distance des arbres est de moins de 7 mètres.

DES DIVERS SYSTÈMES D'EXÉCUTION ET D'ENTRETIEN DES CHAUSSÉES.

Passant maintenant au système d'exécution et d'entretien des chaussées suivi jusqu'ici en France, et le comparant aux systèmes suivis dans
les autres états, nous observerons que pour les chaussées pavées, la
France n'a rien à envier à ses voisins, mais que l'on peut cependant

apporter quelques perfectionnemens dans le mode d'entretien ; ainsi,
par exemple, il nous paraît vicieux de faire dans les relevés à bout,
qui sont des reconstructions à neuf, la plus grande partie de la baie en
vieux pavé ; en effet, les frais extraordinaires de fourniture de sable, de
rétablissement de la forme à neuf et de la main-d'œuvre sont absolu-
ment les mêmes pour la partie de la baie en pavé vieux, que pour celle
en pavé neuf, et cependant la durée de la première n'est pas la 15e
partie de celle de la seconde ; d'un autre côté, on emploie une quantité
considérable de pavés neufs dans les repiquages de l'entretien simple, ce
qui est également vicieux, parce que ces pavés, plus forts et plus résistans que les vieux pavés au milieu desquels on les intercale, se lient mal
avec eux, exigent un plus grand déplacement que des pavés de dimensions moindres, et obligent souvent à recouper les pavés voisins pour
compenser les inégalités de largeur ; tandis qu'en employant en repiquage des pavés vieux qui s'accommoderaient bien mieux avec les rangs
déjà usés, on n'aurait aucun de ces inconvéniens. L'emploi du pavé
neuf en repiquages en présente encore d'autres ; le premier consiste en
ce que ces pavés, présentant plus de résistance que les pavés plus faibles
qui les environnent, restent proéminens quand ceux-ci s'affaissent, et
causent des cahots et des chocs, qui deviennent une cause active de destruction autour d'eux. Le second concerne la facilité qui résulte de cet
emploi pour la fraude, parce que ces pavés étant employés surtout
dans les parties les plus fatiguées des chaussées, il s'en trouve toujours
un assez grand nombre qui ont à peine servi deux ou trois ans, quand
on vient à relever à bout ces mêmes parties ; et comme ils ne sont
presque pas usés, ils peuvent facilement être réemployés dans les
baies neuves, sans qu'on s'en aperçoive, et comptés dans le pavé neuf.

On remédierait facilement à ces divers inconvéniens, en prescrivant d'employer en relevés à bout la totalité du pavé neuf, et ceux seulement des pavés vieux qui auraient conservé de bonnes dimensions,
et de ne faire servir en repiquages que le pavé vieux déjà réduit,
mais encore en état de service, extrait des emplacemens de ces relevés :
par là on augmenterait la longueur des baies faites chaque année en pavé
neuf, qui sont la base de la restauration des routes. La dépense en sable

4

neuf et en main-d'œuvre de ces relevés, serait justement appliquée à des constructions durables; on n'aurait point à craindre de fraude du genre de celle qui a été signalée ci-dessus, les repiquages se feraient avec plus de facilité, et comme il y aurait plus d'égalité de force et de résistance entre les pavés mis en remplacement de ceux qui sont hors de service, et les pavés environnans, il y aurait aussi plus de régularité dans la surface, et plus de durée.

La seule objection valable que l'on puisse faire contre cette proposition est celle de la nécessité qui résulte du mode proposé, de transporter les pavés vieux, du point où on les arrache, sur les différentes parties de la route sur lesquelles on doit faire les repiquages; mais d'un autre côté, il dispense de répartir une quantité presqu'égale de pavé neuf entre les mêmes points, et la petite dépense excédente de ce transport nous paraît d'ailleurs hors de proportion avec l'économie positive des frais complets de restauration à neuf, mal-à-propos appliquée à des matériaux vieux et peu durables, et avec les avantages de simplicité et d'ordre qui caractérisent le mode proposé.

Entretien. Les dégradations des chaussées pavées s'accroissant avec rapidité par l'effet des chocs, dès qu'il y a des dépressions et des inégalités, il serait nécessaire que le service d'entretien fût organisé de manière, qu'au lieu de ne faire les repiquages qu'à des époques déterminées de l'année, par des ateliers ambulans, des cantonniers-paveurs fussent chargés de réparer les dégradations, à mesure qu'elles se forment : pour cela, il faudrait que ces ouvriers, qui devraient toujours travailler au nombre de deux ou de trois, pour plus de célérité, et à cause du poids des outils à transporter, eussent constamment du sable et des pavés vieux, approvisionnés de distance en distance, pour relever ou remplacer les pavés qui s'affaisseraient ou s'écraseraient, et fussent munis d'instrumens propres à abaisser les pavés saillans, soit en creusant la forme au-dessous, soit le plus souvent au moyen d'un simple battage avec une dame assez pesante, dans les temps humides, où la forme est amollie par la pénétration des eaux ou par les dégels.

Sablage. Il est encore une amélioration pour les routes pavées, qui, bien que secondaire, comparativement à celles dont nous venons de parler, mérite quelqu'attention : on sait que les pavés, dégagés par les grandes pluies et par les vents, de la boue et de la poussière qui les couvrent, se déchaussent, s'arrondissent, et deviennent incommodes pour les chevaux et fatiguans pour les voitures, dont ils usent davantage les roues, et que, lissés par le frottement répété des fers, surtout dans les temps secs, ils sont alors glissans et dangereux. Je renouvellerai à ce sujet la proposition que j'ai faite il y a environ dix ans, mais qui n'eut pas de suite à cette époque, de répandre sur les chaussées ainsi dégarnies et plombées, lors des sécheresses, une couche légère de sable, avec un tombereau muni à sa partie postérieure d'un mécanisme simple, au moyen duquel le sable serait tamisé en nappe mince, comme les eaux répandues par les tonneaux d'arrosement : ce sablage léger rendrait les routes plus douces, donnerait pied aux chevaux, et contribuerait à la fois à la conservation des voitures, et à celle du pavé, qui serait plus garanti du frottement, et ensuite rechaussé par ce sable, qui remplirait d'abord les joints dégarnis.

Bordures.
Une amélioration assez importante, que l'on peut encore introduire dans l'exécution des chaussées pavées, concerne les bordures; on sait que ce sont de très-gros pavés, destinés à fortifier et à épauler les deux bords de la chaussée; mais celles qui sont généralement employées remplissent incomplètement ce but. Ces bordures, toutes égales, ont ordinairement, d'après les anciens règlemens, 42 centimètres de longueur sur 32 de largeur, et autant d'épaisseur; elles ont un volume de $0^{m.c.}043$, et pèsent 104 kilog. chacune; placées alternativement en boutisses et carreaux, pour éviter les joints continus, elles ne peuvent nullement s'accorder avec la coupe des pavés; en sorte qu'il en résulte toujours de fausses coupes et des difficultés d'assemblage qui obligent de retailler les pavés d'échantillon, et de remplir les trous restans par des morceaux (comme on le voit par la fig. 1re (1), planche nº 2); d'où il suit que cette partie de la chaussée, qui est destinée à donner un fort appui et une grande résistance, est la plus faible et la plus mal

---

(1) On peut voir à découvert les vices de liaison de ces bordures avec le pavé d'échantillon, au guichet du Louvre conduisant à la rue du Coq Saint-Honoré, qui est pavé comme une chaussée de grande route.

liée, et que les bordures ne contribuent à sa stabilité que par leur masse ;
aussi voit-on la plupart du temps ces bordures s'incliner au dehors, et
se détachant un peu de la chaussée, faciliter par cette inclinaison et par
l a largeur de leurs surfaces horizontales, le glissement des roues et la
formation des débords.

Pour remédier à ces défauts, j'ai proposé en 1820 et fait employer
depuis cette époque, dans le département de Seine-et-Oise, des bordures d'un nouveau modèle, qui ne présentent aucun des inconvéniens
des anciennes. Elles sont alternativement de deux longueurs, qui dif-
fèrent entre elles de la moitié d'un pavé ordinaire ; elles ont la même
largeur que ces pavés, et se placent toutes en boutisses ; par cette disposition, elles s'adaptent très-facilement avec les rangs de pavés et avec
la coupe de leurs joints, qui est toujours d'une demi-largeur de pavé
(comme on le voit à la fig. 2 de la planche n° 2). Les longueurs inégales
de ces bordures sont équivalentes alternativement à 2 longueurs et à 2
longueurs et demie de pavé simple ; leur hauteur est d'une fois et demie
celle du pavé, leurs volumes sont pour les petites de $0^{m.c.}037$, et pour les
grandes de $0^{m.c.}047$, et en moyenne de $0^{m.c.}042$, leurs poids de 90 et de
113 kilog., et en moyenne de 101 kilog.; ces bordures ayant en hauteur
3 centim. de plus que les anciennes, présentent par mètre courant une
surface d'épaulement contre la terre des accottemens, supérieure de près
d'un onzième à celle des anciennes.

En outre, ces nouvelles bordures sont bien plus fortement liées que
les anciennes, qui ne sont en contact immédiat entre elles que sur 10
centièmes de mètre carré, tandis que la surface de contact des nouvelles est de 16 centièmes, c'est-à-dire, de plus de moitié en sus; et enfin,
sous le rapport de la stabilité, l'avantage est encore aux nouvelles bordures, qui pèsent 50 kilog. de plus par mètre courant.

Ces bordures, aussi maniables que les anciennes, sont beaucoup plus
faciles et plus promptes à placer ; elles ne présentent jamais, dans le
sens des rouages, de joints plus grands que la largeur d'un pavé, et
ont une très-grande stabilité ; elles ont encore l'avantage de pouvoir,
quand elles sont usées, être réemployées par une simple retaille, au
moyen de laquelle on convertit facilement une grande bordure en petite,
et on fait deux pavés d'une petite au besoin.

Ce système, adopté sur toutes les routes du département de Seine-et-Oise, depuis 1821, l'a été depuis par les ingénieurs du département de la Seine et de quelques départemens circonvoisins, qui en ont reconnu l'avantage, et nous pensons qu'il serait utile de l'étendre à toutes les routes pavées du royaume.

DES CHAUSSÉES EN BLOCAGE.

Nous ne dirons rien ici des chaussées pavées en pierres brutes, que l'on nomme blocages, parce que bien que ce soient généralement les moins coûteuses à exécuter et à entretenir, elles sont si incommodes à parcourir et si nuisibles aux chevaux et aux voitures, qu'on ne doit les employer que quand on ne peut faire autrement, et d'ailleurs, il n'y a pas grand perfectionnement à y apporter.

DES CHAUSSÉES EN CAILLOUTIS.

Les chaussées en cailloutis exigent plus de déloppemens et d'explications que les chaussées pavées, 1° parce que celles-ci ne peuvent s'exécuter que dans les contrées assez rares où se trouvent des carrières de grès de bonne qualité; tandis que les autres, bien plus nombreuses, entrent au moins pour les sept huitièmes dans la totalité des chaussées des grandes routes; 2° parce qu'il est vrai de dire (bien que l'opinion contraire soit généralement répandue) que les chaussées en cailloutis exigent plus d'art et de soins pour être entretenues en bon état que les routes pavées, qu'elles sont en France beaucoup plus éloignées de la perfection, et qu'elles comportent beaucoup plus de modifications dans l'exécution et dans l'entretien; 3° parce que le choix à faire entre les divers modes d'exécution, tant pour les restaurer que pour les entretenir, est l'objet d'une controverse, dans laquelle diverses opinions opposées ont été émises; que ce choix est devenu une question de circonstance, par la nécessité enfin reconnue de s'occuper sérieusement du rétablissement et de la bonne conservation de nos routes; et 4° enfin, parce que cette question acquiert une grande importance, par l'étendue des conséquences qui dériveront du choix qui sera fait par l'autorité, et par l'influence de ce choix sur le rapport qui existera entre les fonds considérables nécessaires pour améliorer les routes, et les résultats utiles que l'on obtiendra de leur application, selon qu'elle sera plus ou moins bien faite. Nous espérons que l'importance de ces considérations, qui nous a frappé, fera excuser les détails des développemens que nous allons présenter; nous chercherons cependant à les abréger le plus possible, en évitant d'entrer dans des discussions théoriques qui seraient ici superflues, et en nous bornant aux explications indispensables : il nous semble qu'au point où en est cette question, et quand il s'agit d'appliquer des millions, c'est surtout sur des faits que doivent s'appuyer les propositions et les déterminations, et non sur des hypothèses, ou de simples raisonnemens.

Il faut d'abord distinguer dans les routes en cailloutis le système le plus généralement suivi en France, qui consiste dans l'établissement d'un empierrement en gros matériaux arrangés à la main dans un encaissement profond, recouvert d'une première couche de pierres moyennes, et ensuite d'une seconde couche de pierres plus petites, et le système qui s'est récemment généralisé dans la Grande-Bretagne, et auquel l'ingénieur anglais Mac-Adam a donné son nom, parce que, s'il n'en est pas l'inventeur, c'est au moins lui qui en a le mieux fait connaître le mérite et les avantages, qui les a mieux prouvés, principalement par des applications en grand, et qui a établi la marche la plus simple et la plus sûre pour l'exécution première et pour les entretiens. On sait que dans ce système la chaussée doit être composée sur toute son épaisseur (qui peut varier suivant les localités et la nature des matériaux, entre 3o et 4o centimètres) de petites pierres cassées avec soin à la même grosseur, de manière à ce qu'elles ne pèsent pas plus de six onces.

Des chaussées ordinaires en cailloutis, avec empierrement.

Considérant en ce moment les chaussées du système ordinaire avec empierrement, nous ferons observer d'abord, relativement aux dépenses, qu'il y a une foule de variations relatives aux localités; mais on peut dire que les dépenses de leur construction sont généralement plus élevées que celles des chaussées faites en petits matériaux, près des lieux habités, où les pierres fortes, et surtout les pierres assez régulières, qu'exigent les deux lignes continues de bordures, ont presque toujours une assez grande valeur, et qu'il en est de même dans toutes les localités, fort nombreuses, qui ne fournissent que des cailloux ou de la petite pierre, et dans lesquelles les pierres un peu volumineuses sont peu répandues, et exigent de grands transports. Dans les pays qui présentent de nombreuses carrières de pierres dures siliceuses, de forte dimension, les chaussées d'empierrement coûtent moins que celles à la Mac-Adam, parce qu'alors la plus-value des gros matériaux (qui dans ce cas est faible) est inférieure à l'excédent des frais de cassage.

L'exécution des chaussées avec empierrement, se faisant en général suivant des principes consacrés depuis long-temps, et avec beaucoup de soin, nous n'avons à faire à ce sujet aucune observation ; nous remarquerons seulement qu'il serait désirable que l'on employât en dernière couche des pierres moins grosses qu'on ne le fait généralement, et qu'on ne livrât au roulage les chaussées neuves en cailloutis, qu'après avoir opéré un commencement de tassement et de liaison entre les matériaux dont elles sont formées, au moyen d'une forte compression : quand on livre une route neuve ordinaire au roulage, les pierres de première et de deuxième couche étant encore mobiles, se dérangent facilement, les chevaux s'y blessent, et les roues, écartant ces pierres à droite et à gauche, déforment le profil de la chaussée, et établissent des commencemens d'ornières ; il faut que des hommes soient sans cesse occupés à réparer ce désordre et à remplir les sillons, et ce n'est que quand une partie des pierres de la première couche, broyée par le roulage, a commencé à remplir les vides du dessous, que la liaison commence à s'opérer, et que la route cesse d'être pénible à parcourir ; mais alors une partie des pierres de la première couche a été détruite et convertie en poussière ou en boue, en sorte que la chaussée a déjà perdu, en très-peu de temps, une partie de son épaisseur et de son bombement : pour peu qu'on tarde à apporter de nouveaux matériaux, la seconde couche est atteinte, et comme les rechargemens annuels ne sont jamais équivalens à la totalité de la première couche, la route reste dans un état d'infériorité constant, relativement à la construction première et aux efforts qu'elle a à supporter.

Il serait facile de remédier à ces inconvéniens en ayant toujours soin de recouvrir la chaussée d'une couche de quelques centimètres de très-petites pierres cassées, dont la grosseur, variant du volume d'une noix à celui d'une noisette, serait proportionnée aux vides des pierres de recouvrement ; on trouverait presque toujours une quantité suffisante de ces petites pierres dans les débris du cassage général, en ayant simplement soin de tirer les pierres au râteau après le cassage ; la chaussée étant ainsi recouverte, il faudrait y faire passer à plusieurs reprises des rouleaux fort lourds, en fonte ou en bois. On m'a dit que l'on employait quelquefois des rouleaux sur les routes neuves en Angleterre ; mais je n'en ai pas vu d'exemple, et n'en ai point entendu parler pendant mon séjour dans ce pays. Ce moyen a été essayé avec succès sur un chemin de peu d'étendue que j'ai fait exécuter en 1825, dans la forme des chemins anglais, et suivant la méthode de Mac-Adam, dans le parc de Beauregard, à l'entrée du château qui appartenait alors à M. Anisson-Duperron. Cette opération était d'autant plus nécessaire sur ce chemin, que comme il n'est fréquenté que par les voitures du domaine, le tassement et la liaison des matériaux ne se seraient opérés que très-lentement ; tandis que le roulage au cylindre, sur une couche légère de matériaux fins, répété à plusieurs reprises, a donné assez promptement de la consistance à cette chaussée, et l'a empêchée de se déformer : à la vérité il y passe très-peu de voitures, mais aussi, par cette raison, la chaussée n'est composée que d'une couche de 10 centimètres (4 pouces) de petites pierres cassées, sur une couche d'égale épaisseur de cran, ou marne dure ; elle est parfaitement conservée, quoiqu'on n'y ait fait aucune réparation depuis trois ans, et elle est encore aussi unie qu'une allée de jardin.

Sur les routes, il faudrait employer des rouleaux assez longs pour embrasser la moitié ou au moins le tiers de la chaussée à la fois, et d'un grand diamètre, afin d'avoir un grand poids, de prévenir le refoulement de la pierre en avant, et de faciliter le tirage des chevaux. Il serait facile d'en établir à peu de frais, en les composant de forts madriers assemblés comme les douves des tonneaux, et fixés sur de vieilles roues traversées par un fort essieu. Pour rendre la pression égale sur toute l'étendue du rouleau, et pour conserver le bombement de la chaussée, il faudrait donner à leur surface une concavité d'une flèche égale à celle de ce bombement, ce qui serait facile, en plaçant au milieu une roue d'un diamètre un peu moindre que celui des roues extrêmes (¹). Si le poids de ces grands rouleaux était insuffisant, il serait facile de l'augmenter ; pour cela il faudrait commencer par fermer leurs extrémités, en garnissant les surfaces intérieures des deux roues extrêmes avec des planches; on pourrait alors les charger à volonté sur la route avec de la terre ou du sable, que l'on y introduirait en ouvrant un des madriers rendu mobile, et quand le travail serait terminé, on ferait sortir cette terre du rouleau, par la même ouverture, pour l'emmener plus facilement.

Les observations qui précèdent s'appliquent complètement aux entretiens des chaussées ordinaires en cailloutis, lorsqu'ils se font suivant l'usage le plus généralement suivi, par rechargemens assez étendus, parce qu'alors ils présentent les mêmes inconvéniens qu'une chaussée neuve ; il serait donc aussi nécessaire de les couvrir d'une couche légère de petites pierres cassées, et de les comprimer en y passant le rouleau à plusieurs reprises. Assurément ces deux opérations augmenteraient les premiers frais d'emploi de matériaux ; mais nous pensons, qu'indépendamment de l'économie qui en résulterait dans la quantité de pierres consommées annuellement, et de l'avantage d'avoir des routes bonnes et faciles à parcourir très-peu de temps après leur exécution, ou leur rechargement, cette augmentation de premiers frais serait bien plus que compensée par un accroissement certain dans la durée de la couche supérieure, et par une grande diminution dans les frais des régalemens à la main (²).

(¹) On peut remplir le même but en composant un rouleau de deux cylindres, munis chacun de leur axe, mais qui sont réunis par les extrémités correspondantes de ces axes, au moyen d'une attache mobile qui leur permet de tourner séparément, et même en sens contraire au besoin. Ces rouleaux, en deux parties, et par-là flexibles dans leur milieu, suivent facilement les courbures des chaussées ; ils coûtent plus que les rouleaux simples, mais ils sont plus faciles à conduire, surtout dans les tournans. Quand on doit faire passer ces rouleaux sur des pavés ou des blocages, on les garnit de jantes mobiles pour garantir leur surface.

(²) L'emploi des rouleaux ne peut être utile que sur des couches de pierres angulaires, car leur action sur des lits de cailloux arrondis serait faible et presque sans utilité, à moins qu'on ne les couvrît d'une couche assez épaisse de petites pierres cassées.

Lorsque l'entretien se fait par très-petites parties et par les cantonniers (comme cela doit être sur les routes en état d'entretien simple), il n'est pas nécessaire de faire passer des rouleaux; mais il serait utile de prendre deux précautions que l'on néglige presque toujours : la première doit suivre immédiatement l'enlèvement complet des boues, qui doit précéder toute réparation; elle consiste à piquer, comme on le fait en Angleterre, la place affaissée ou usée, sur laquelle on doit mettre le caillou, pour favoriser la liaison de la nouvelle pierre avec l'ancienne; parce que quand on ne le fait pas, la nouvelle pierre est facilement dérangée par les roues, et que ne posant que par des points sur une surface planc et dure, elle s'écrase plus facilement, et ne peut se lier avec le fond que quand elle est presqu'entièrement broyée, ce qui diminue beaucoup la résistance et la durée de ces réparations. La seconde précaution utile serait de couvrir toujours la pierre nouvelle de petites pierres ou de débris de cassage; le détritus relevé par le piquage de la surface est excellent pour cet usage.

Une partie importante et généralement trop négligée des routes actuelles, est celle en terre, que l'on nomme accottemens; nous avons déjà exprimé notre vœu pour leur entière suppression; mais en attendant cette heureuse réforme, qui ne peut être immédiate, il importe de diminuer le plus possible leurs inconvéniens : la seule condition à remplir est de ne jamais y laisser séjourner les eaux; pour cela, il faut assurer leur libre écoulement vers les fossés par une pente en travers, et rendre leur surface la plus unie qu'il est possible; la pente, qui peut varier selon les localités entre 4 et 6 centimètres par mètre, doit augmenter à mesure qu'elle s'approche des fossés, de manière à donner à la surface de chaque accottement un bombement léger qui fasse suite à celui de la chaussée.

Les régalemens des ornières et des flaches, qui se renouvellent sans cesse sur les accottemens, exigent beaucoup de main-d'œuvre et durent peu; on fait exécuter les grands terrassemens par les entrepreneurs, et les régalemens journaliers par les cantonniers; mais comme les fonds d'entretien sont ordinairement insuffisans pour les réparations des chaussées, qui sont les plus importantes, on exécute peu de terrasscmens, et les cantonniers ne pouvant faire seuls tous ceux qui seraient nécessaires, les accottemens qui manquent de pente, étant pénétrés par les eaux qui y séjournent, se rouagent facilement; ils sont impraticables pendant les temps humides, et la plupart du temps fort incommodes, même en été, pour les voitures, à cause de leurs irrégularités. On pourrait assurer un meilleur entretien en augmentant le nombre des cantonniers; mais le travail d'hommes isolés étant toujours lent et difficile à surveiller, les accottemens se dégraderaient d'un côté pendant qu'on les réparerait de l'autre, en sorte qu'ils ne seraient jamais entièrement bons; et il est d'ailleurs fort douteux que les améliorations lentes et incomplètes qu'on obtiendrait par ce moyen, valussent l'augmentation de frais qui en résulterait; mais nous pensons qu'on pourrait faire ces entretiens avec plus de célérité et beaucoup d'économie, en employant des instrumens conduits par des chevaux : ainsi, par exemple, on pourrait employer un instrument analogue à une forte herse, lequel porterait quatre rangs de dents, dont les deux premiers seraient armés de patins triangulaires et tranchans, semblables à ceux des machines à sarcler, qui couperaient les inégalités et les bourrelets, et dont les deux derniers, composés de dents simples ordinaires, feraient fonction de râteau pour diviser les mottes de terre et les régaler. Le dessus de cette herse porterait un coffre mobile à deux compartimens pour charger à volonté l'avant ou l'arrière, suivant la pente de la route et la dureté du sol : mais ces réparations seraient peu utiles, et surtout peu sensibles, si on se bornait à ce simple régalement ; pour compléter ce travail, il serait indispensable de faire suivre immédiatement un fort rouleau, pour aplanir et comprimer les terres remuées. Ces opérations doivent s'exécuter lorsque la terre n'est ni trop mouillée, ni trop sèche, mais légèrement humide; il est facile de juger que ces réparations seraient plus rapides et plus durables que celles qui se font à la main, et que cependant elles coûteraient beaucoup moins.

J'avais proposé, en 1818, d'employer à cet usage une machine de ce genre, dans laquelle j'avais réuni le cylindre et la herse à patins triangulaires; mais j'ai reconnu depuis, par l'expérience d'un modèle que j'avais fait exécuter à cette époque, que cette réunion avait des inconvéniens, et je pense qu'il vaut mieux les séparer; le rouleau peut être fait comme ceux que j'ai proposés pour les chaussées en cailloutis. Les pierres isolées dans les accottemens pourront, dans le commencement, déranger l'instrument et même briser des patins ou des dents de la herse ; mais on devra faire enlever auparavant toutes les pierres visibles, et s'il en reste dans la terre, l'inconvénient de leur rencontre n'aura lieu qu'au premier passage, parce qu'on les enlevera immédiatement.

M. de Valcour, agronome distingué, dont le nom est honorablement cité dans les Annales de Roville et dans les recueils de plusieurs sociétés savantes, et qui joint l'esprit d'observation à des connaissances positives et variées, recueillies dans ses voyages et particulièrement en Amérique, m'a donné le dessin d'une herse qu'il a vu employer avec un grand succès à régaler les chaussées dans ce pays ; il conviendrait d'en faire l'essai comparativement avec la machine que j'ai proposée, qui est un peu moins simple, mais qui pourrait, je pense, remplir ce but plus complètement sur les accottemens : la herse de M. de Valcourt a l'avantage de pouvoir être employée sur les chaussées en cailloutis pour en rabattre les bourrelets ; à la vérité on ne doit jamais laisser former de bourrelets sur une route de ce genre bien entretenue ; mais en attendant que nos routes en cailloutis soient amenées à cet état de perfection, cette herse peut y être appliquée avec avantage ; nous pensons qu'il serait utile de la faire suivre aussi par un rouleau.

C'est ici le cas de parler d'une espèce de dégradation des accottemens, qui est particulière aux routes que suivent les convois de bœufs destinés aux approvisionnemens des grandes villes, et qu'on remarque spécialement sur les routes royales et départementales qui conduisent aux marchés de Sceaux et de Poissy ; elles résultent de l'habitude qu'ont les bœufs de marcher à des distances égales dans les mêmes traces, ce qui produit en travers des accottemens des sillons perpendiculaires à l'axe de la route, qui rendent ces parties entièrement impraticables pour les chevaux et les voitures, et fort incommodes pour les gens de pied. Le régalement de ces sillons est long, dispendieux et peu durable, parce que la même cause les reproduit promptement dans la terre nouvellement remuée ; c'est pourquoi on s'en occupe peu ; c'est principalement pour ces dégradations que j'ai proposé l'emploi de l'instrument dont j'ai parlé tout à l'heure ; l'action de la herse est insuffisante pour des sillons aussi profonds ; il faut nécessairement alors des fers tranchans horizontaux, un instrument puissant et une forte compression.

Nous allons passer maintenant au système de Mac-Adam, pour l'exécution et pour l'entretien des routes en cailloutis ; nous le comparerons au système généralement suivi en France, et nous présenterons nos vues sur son application à nos routes.

Système de Mac-Adam.

Le système de Mac-Adam, suivi maintenant sur la plupart des routes de l'Angleterre, et qui est même appliqué à plusieurs rues et places de Londres, est aujourd'hui assez connu des personnes qui s'occupent de routes, pour nous dispenser d'entrer ici dans des explications très-détaillées sur ses principes et sur son mode d'exécution. Je ne pourrais d'ailleurs que répéter sur ce sujet les explications consignées dans mon rapport précité de 1823 sur les routes de l'Angleterre ; je me bornerai donc à traiter avec quelque développement les questions qui se rattachent particulièrement à l'application de ce système à nos routes, et à présenter quelques considérations et des données d'expériences, pour combattre des erreurs fort répandues sur cette application, et les doutes que plusieurs personnes, même fort éclairées et portées à l'admettre, conservent encore sur les résultats qu'on peut en espérer.

Pour bien juger ces questions, il faut commencer par établir les conditions essentielles du système anglais, en discuter le mérite, déterminer les conditions qu'il est indispensable de remplir pour obtenir de bons résultats, et apprécier les conséquences de son application à nos routes sous les rapports de leur bonté, de la consommation des matériaux et de la dépense : c'est ce que nous allons essayer de faire par des explications et par des exemples.

Conditions essentielles de ce système

La condition première du système de Mac-Adam est d'éloigner les eaux des chaussées par la suppression des accottemens et au moyen de leur remplacement par des trottoirs qui, s'égouttant facilement à raison de leur élévation et des rigoles qui les bordent et les traversent, ne permettent point aux eaux de séjourner, ni de les pénétrer, comme les accottemens, en sorte que le terrain qu'ils recouvrent et qui épaule la chaussée est toujours sec et ferme.

La seconde est d'asseoir cette chaussée sur un sol légèrement bombé, bien sec et également résistant; pour cela, si le terrain est ferme et uniforme, on se borne à lui donner le profil convenable; si c'est un remblai, on le tasse également, en pilonnant avec soin par couches peu épaisses, et on roule ensuite à plusieurs reprises; enfin si le sol est léger, mobile ou marécageux, on étend un lit de petites fascines, ou de petits fagots de bruyère, jointifs, pour maintenir la pierre et l'empêcher de s'enfoncer dans la terre.

Le troisième principe est de composer entièrement la chaussée de petites pierres dures angulaires, toutes à peu près égales, dont les plus grosses ne pèsent pas plus de six onces.

Le mérite principal des chaussées exécutées de cette manière consiste en ce que la chaussée, composée entièrement de petites pierres, qui à raison de leurs angles multipliés s'enchâssent les unes dans les autres, en se serrant par action de coin, forme une masse *compacte, homogène, imperméable,* douée d'une certaine *élasticité* et d'une *dureté* suffisante pour résister long-temps à l'action des roues.

Son *imperméabilité,* qui résulte de la liaison des matériaux, préserve le sol qui la supporte de la pénétration des eaux, et lui conserve la fermeté et la résistance nécessaires pour s'opposer à l'enfoncement des pierres inférieures.

L'*homogénéité* des parties composantes de cette chaussée fait qu'elle s'use *également* sur tous les points, et que même, sans rechargemens et usée sur une partie de son épaisseur, elle conserve ses qualités, et est toujours également unie et uniformément résistante.

Enfin son *élasticité*, qui est une de ses qualités les plus précieuses et à laquelle il nous semble qu'on n'a pas donné assez d'attention, permet aux matériaux de céder sans se briser sous la compression, dont l'effet se borne à faire pénétrer les pierres supérieures parmi celles qui sont au-dessous : elle a surtout l'avantage de répartir sur une grande surface et d'amortir insensiblement les effets de la pression des roues, et de prévenir la dépression et la formation des sillons que leur passage produit si facilement sur les chaussées qui manquent d'élasticité et de liaison.

Entretien.   Pour que les routes exécutées de cette manière conservent tous ces avantages, il est indispensable qu'elles soient réparées d'après les mêmes principes ; ainsi il faut toujours employer aux rechargemens de petites pierres angulaires, piquer avec soin la surface de la route sur laquelle on doit les étendre, pour leur permettre de se lier et en quelque sorte d'engrener avec celles du dessous sans s'écraser. Le détritus relevé par le piquage, et qui est composé de petits fragmens détachés des pierres supérieures par l'action des roues, est très-propre à être étendu sur ces petits rechargemens, pour en égaliser la surface et en favoriser la liaison.

Il faut de plus un entretien journalier et constant ; il consiste à tenir toujours parfaitement libres les rigoles d'écoulement des eaux au pied des trottoirs et celles qui les traversent, et à retirer avec des rabots les boues liquides qui couvrent la surface de la chaussée dans les temps humides, et surtout lors des dégels.

En suivant les mêmes principes et en employant les mêmes précautions, on obtiendrait certainement en France les mêmes résultats ; les essais faits jusqu'à ce jour aux environs de Paris sont peu nombreux et ont en général été faits, ou trop incomplètement ou à trop grands frais, pour que l'on puisse les citer comme exemples. Ceux que j'avais tentés, d'après l'invitation de M. le directeur général en 1822, sur la route neuve de Bezons à Pontoise, qui a été exécutée par concession, avant mon voyage en Angleterre, sont aussi incomplets, parce que ne connaissant alors que très-imparfaitement les principes de ce système, j'y ai employé généralement du caillou rond : la petite chaussée exécutée en pierres cassées, à Beauregard, que j'ai citée plus haut, est trop peu fréquentée pour que l'on puisse tirer de sa belle conservation des conclusions pour l'application de ce système à nos grandes routes. Avant de traiter la question importante de l'application du système anglais à nos grandes routes, il est nécessaire d'examiner et de discuter les objections principales qui se sont élevées contre le procédé de Mac-Adam.

Objections diverses contre ce système.

Les principales objections élevées contre ce système, par les personnes qui ne le croient pas applicable en France, sont celles de la dépense qu'exige le cassage, et le défaut de force suffisante pour résister à notre roulage, plus multiplié et beaucoup plus lourd que celui de l'Angleterre. Je ferai observer d'abord qu'à la vérité, les chargemens de nos voitures, surtout de celles à deux roues, sont excessifs et doivent être réduits ; cette réduction étant réclamée généralement, et l'administration s'occupant de modifier les règlemens sur la police du roulage, on doit s'attendre à voir diminuer cette cause de dégradation ; cependant je ne crois nullement que cette réduction (avantageuse pour les routes de tout système quelconque) soit une condition indispensable de l'admission des chaussées en petits matériaux ; pour le prouver, il faut entrer ici dans l'examen détaillé de l'effet produit par la pression des roues sur les chaussées de l'ancien et du nouveau système.

On entend souvent des personnes, même parmi celles qui ont de l'expérience dans les travaux de route, demander comment on peut espérer que de petites pierres puissent résister à des pressions sous lesquelles on voit des pierres fortes et même des pavés de grès s'écraser ; mais cette objection prouve seulement que ces personnes n'ont pas examiné avec assez d'attention l'action des roues sur les nouveaux rechargemens, et ne les ont pas assez étudiés ; en effet, lorsqu'un rechargement est composé de gros matériaux, il y a nécessairement entre eux beaucoup de vides, et les grosses pierres ne se touchant généralement que par des points et rarement par des faces, il y a un grand nombre de porte-à-faux ; il s'ensuit que lorsqu'une forte pression agit sur ces pierres, ou elles échappent en s'écartant et déterminent des ornières, ou elles s'éclatent en plusieurs fragmens ; ces débris se logeant dans les intervalles des pierres voisines et les garnissant, opèrent à la longue une sorte de liaison qui rend la surface de la route plus ferme et plus unie ; mais il arrive par là 1° qu'une assez grande portion du rechargement est écrasée et ne sert qu'à la liaison du reste ; 2° que la chaussée est déformée par la mobilité que conservent long-temps ces pierres jusqu'à leur fixation par une masse suffisante de débris ; et 3° que les éclats des pierres brisées, plus minces que les pierres d'un bon cassage, et interposés entre les grosses pierres les plus dures qui ont résisté, sont broyés promptement entre ces pierres et les roues, comme entre les mâchoires d'un étau, et réduits en poussière ou en boue.

Dans une couche composée entièrement de petites pierres angulaires, la pression, quelque grande qu'elle soit, ne fait que les serrer les unes contre les autres, à la manière de coins, parce que leur petitesse et la variété de leurs formes, leur permettent facilement de céder aux pressions latérales des pierres voisines, jusqu'à ce que, s'appliquant par les faces, elles présentent une résistance parfaite; alors ces pierres ne peuvent s'écraser, parce qu'il n'y a point de vides, et parce qu'elles ne trouvent nulle part de résistance suffisante, toute la masse cédant et fléchissant ensemble sous la charge; celles de la couche supérieure seulement, ne pouvant être aussi bien enchâssées que celles du dessous, conservent quelque temps de la mobilité, et donnent, par les éclats de leurs angles et de leurs arêtes, des débris qui servent à remplir le peu de vides qui restent au-dessous, et à lier les pierres de superficie elles-mêmes.

Il résulte de cet effet, prouvé par l'expérience, qu'une chaussée ainsi composée forme une masse homogène, qui présente un lit bien uni de pierres dures, jointives, serrées et fortement enchâssées, que l'action des roues ne peut désunir, et qui s'use simplement à la surface par l'action du frottement; on voit donc que quand ces pierres sont dures, l'usé doit être très-lent.

Lorsqu'au contraire les rechargemens sont composés de grosses pierres, il ne peut y avoir uniformité de résistance, même après la garniture des vides, par les débris des pierres supérieures, parce que les pierres restées entières au-dessous, et enchatonnées dans ces débris, étant bientôt atteintes par les roues, et présentant plus de dureté que ce qui les entoure, forment alors des points saillants qui déterminent des chocs et par-là l'enfoncement ou le broiement des matériaux voisins, jusqu'à ce que, cédant elles-mêmes, elles se détachent et deviennent pierres roulantes, si elles sont dures, ou s'écrasent à leur tour, si elles sont tendres; on doit donc avoir dans ce dernier cas des chaussées inégales, cahotantes, et leur destruction doit être d'autant plus rapide, que les charges qu'elles ont à supporter sont plus grandes; tandis que le roulage, même le plus fort, sur les chaussées de petites pierres, étant toujours doux et uniforme, ne cause jamais de chocs, et n'agit que sur la superficie.

Il suit évidemment de ces explications, qui ne sont que l'exposé de ce qu'apprend l'observation attentive des résultats de l'expérience, qu'une chaussée en petits matériaux résiste mieux, même à un fort roulage, que celle qui est composée de pierres plus fortes; mais il faut remarquer que la conservation et la durée des matériaux dépendent surtout de la flexibilité et de l'élasticité, qui sont des propriétés particulières aux chaussées composées entièrement de petits matériaux, et que l'on ne peut jamais obtenir avec de grosses pierres, surtout quand la chaussée repose sur un empierrement. On remarque en effet que plus les pierres de fondation de nos routes sont fortes et plus la couche qui les recouvre est mince, plus les pierres de rechargemens sont broyées promptement, et on le concevra facilement, en remarquant que ces grosses pierres font là fonction d'enclume, et que plus une enclume a de stabilité, et plus le contact est immédiat, plus il est facile d'écraser ce qu'on place dessus.

Dans le système des empierremens, cette assise de grosses pierres n'est jamais destinée à être atteinte par les roues; ainsi ce n'est point pour résister à leur action qu'on leur donne de fortes dimensions: c'est pour que, s'appuyant sur le sol par de larges surfaces, elles aient plus de diffi culté à y pénétrer. (Quelques personnes ajoutent qu'un de leurs avan- tages est de résister par leur masse; j'avoue que je ne le comprends pas, parce qu'il y a bien peu de différence entre la masse d'une pierre unique et celle d'un volume égal de petites pierres de même nature, parfaitement jointes et parfaitement serrées les unes contre les autres.) Quant à l'avantage de s'appuyer sur le sol par de larges surfaces, il est réel, comparativement à des pierres de moyenne grosseur, qui ne seraient pas liées, et qui en effet enfonceraient beaucoup plus facilement dans le terrein; mais les grosses pierres sont sous ce même rapport bien moins avantageuses qu'une masse compacte qui porte sur le sol par une surface générale, et qui, faisant corps, ne permet aux pressions d'arriver sur le sol que réparties sur une assez grande largeur et amorties par l'effet de sa flexibilité. Il y a ici le même rapport qu'entre deux fondations de ma- çonneries, dont l'une reposerait sur une assise de fortes pierres, qui, ad- hérant difficilement entre elles, à raison même de la largeur de leurs faces, peuvent céder partiellement par l'effet de la compression transmise directement sur quelques points, ou par la moindre résistance du sol sous quelques-unes d'entre elles; et l'autre, sur un lit de béton, composé de matériaux de petites dimensions, mais qui, formant un seul corps, ne permet aucune dépression partielle, et s'appuie uniformément sur le sol par une large surface.

Les empierremens des fondations de nos routes ont encore un autre
inconvénient très-grave, c'est qu'il ne peut s'opérer aucune liaison entre
les grosses pierres, dont ils sont formés, et la première couche de matériaux moyens; d'où il résulte que les eaux, arrivées à cette première
couche par l'insuffisance d'épaisseur ou de résistance de la seconde, ou
par la profondeur des ornières, pénètrent facilement jusqu'au sol, le
détrempent, et occasionnent par là les affaissemens et les défoncemens du
corps même de la chaussée.

Conclusions en faveur du système de Mac-Adam, et exemples des avantages de ses applications.

Le point important pour la conservation des routes est donc la suppression de ces empierremens de fondation; l'avantage de cette suppression est constaté par l'exemple des routes de l'Angleterre et du succès obtenu par M. Mac-Adam, qui fait défoncer entièrement les vieilles chaussées
pour enlever et briser les grosses pierres du fond, et les remplacer par
de petites pierres cassées à une grosseur uniforme; mais nous possédons
en France des exemples précieux de la vérité de ces principes et des
avantages de leur application; et ils sont heureusement prouvés par
l'amélioration des routes sur lesquelles elle a eu lieu, et par une économie notable dans la consommation des matériaux et dans les frais d'entretien. C'est dans le département du Finistère que cette application a
été faite en grand depuis plusieurs années, et c'est spécialement dans
l'arrondissement de Landernau qu'elle a été exécutée avec le plus de
soins et d'après les véritables principes, par M. Frimot, ingénieur du
plus grand mérite, qui a bien voulu me donner des explications dé-
taillées sur la marche et les procédés qu'il a suivis, et sur les principes
qui l'ont guidé; explications qui ont beaucoup contribué à fixer ma
propre opinion sur les avantages de ce système et sur les conditions
nécessaires pour son succès.

Quelques routes de ce département se trouvant en mauvais état, il y
a environ vingt ans, et les matériaux pour les approvisionnemens étant
devenus rares sur plusieurs points, à une époque où les fonds accordés
étaient fort insuffisans, les ingénieurs qui en étaient chargés eurent l'heureuse idée de défoncer ces routes pour puiser, dans les empierremens
qui étaient fort épais, des matériaux dont le cassage fournissait, indépendamment du cube nécessaire pour le rétablissement de la chaussée,

une surabondance de petites pierres, qui coûtaient moins que les matériaux amenés de loin, et qui servaient à recharger les autres parties : cette
opération ayant été continuée, il se trouve maintenant sur presque
toutes les routes de ce département des parties nombreuses et assez
étendues sans empierrement, et quoique le cassage n'ait pas toujours
été fait convenablement, ces parties sont celles qui se conservent le
mieux et qui consomment le moins. L'observation de ce fait important
décida M. Frimot à généraliser progressivement l'emploi de cette méthode dans son arrondissement ; il en perfectionna l'exécution au retour
d'un voyage en Angleterre, où il avait observé les procédés de Mac-
Adam, et ayant recherché et fait ouvrir de nouvelles carrières de pierre
quartzeuse, il est parvenu à obtenir des routes très-bonnes et parfaitement unies, que M. le directeur général et plusieurs inspecteurs ont
admirées dans leurs tournées, et à réduire en même temps très-sensible-
ment les frais d'entretien. Ainsi, par exemple, pour la route royale de 1re
classe, de Paris à Brest, qui traverse son arrondissement sur une longueur de dix-huit lieues, l'empierrement est supprimé sur le quart de
cette étendue, et l'entretien se fait généralement sur cette route et sur
toutes les autres en petits matériaux cassés, avec piquage de la surface,
suivant la méthode anglaise; on n'emploie qu'environ un mètre cube
de cailloux cassés pour 22 mètres de longueur de chaussée, et on ne
dépense que 1000 fr. de matériaux par lieue de 4000^m. pour la maintenir en parfait état. Jadis cette route consommait un tiers de plus de
matériaux et était moins bonne; elle est à la vérité peu fréquentée par
le gros roulage, mais il y passe cependant des voitures fortement chargées à cinq chevaux, plusieurs diligences, et principalement, en se rap-
prochant de Brest, beaucoup de voitures à jantes étroites assez fortement
chargées, dont le nombre s'élève jusqu'à 200 par jour, et qui sont employées à l'approvisionnement de la ville et à des exploitations de bois du
côté de Morlaix.

Cette méthode d'entretien est aussi appliquée à la plupart des routes
départementales, qui sont également fort améliorées. M. Frimot m'a
attesté que partout où l'ancien empierrement subsiste, les rechargemens durent beaucoup moins qu'ailleurs, et que cette influence est sensible, même en donnant aux couches nouvelles une grande épaisseur.

Emploi
de pierres
de dureté
moyenne en
1re couche.

Cet ingénieur a aussi remarqué que les parties de routes où la couche inférieure de la chaussée a été faite en schiste (qui a été en partie écrasé, et forme une masse compacte, dans laquelle la pierre dure s'enchâsse assez facilement) sont les meilleures et les plus faciles à entretenir, ce qui confirme complètement les principes établis précédemment, et principalement celui de l'avantage qui résulte de la flexibilité et de l'élasticité du corps de la chaussée; et on conçoit en effet que ce lit de débris de schiste, pénétré de petites pierres dures, forme une masse compacte, imperméable, et parfaitement propre par sa flexibilité à amortir les effets du choc et des pressions; il résulte encore de cette observation que l'on peut employer, non-seulement sans inconvénient, mais même avec avantage, en première couche, des matériaux plus tendres que ceux des couches supérieures, pourvu qu'ils soient assez résistans et susceptibles de se lier en masse, par l'effet de la pression (¹).

J'ai exprimé une opinion semblable dans mon mémoire de 1823, en l'appuyant de plusieurs expériences, qu'il peut être utile de rappeler ici, parce que ce principe, dont l'admission peut produire une très-grande économie dans la consommation des pierres dures et dans les dépenses, étant nouveau et n'ayant point été admis par M. Mac-Adam, il importe d'éclairer complètement l'opinion, avant d'en proposer l'application en grand.

J'avais remarqué en Angleterre que les chaussées étaient beaucoup meilleures dans les parties où on employait le silex de la craie, qui, comme on sait, porte une croûte calcaire, que dans celles qui étaient composées du silex pur et vif. Peu après, ayant été chargé d'améliorer deux parties de chaussée en cailloutis sur la route royale de Paris à Cherbourg, entre Meulan et Mantes, qui étaient constamment mauvaises, et ne pou-

---

(¹) J'avais déjà eu occasion de remarquer, au Simplon, en 1801, que deux parties de chaussées exécutées, l'une du pont de la Saltina à Riett, avec une couche de schiste recouverte de quartz, l'autre de la forêt de Schalbett à la galerie du glacier, composée d'une couche de granit dur, sur une couche de gneiss feuilleté fort tendre, parce qu'il contenait beaucoup de stéatite, s'étaient le plus promptement et le mieux liées; et j'ai appris depuis qu'elles se sont conservées aussi bonnes que celles qui étaient entièrement composées de pierres dures.

vaut y employer qu'un caillou siliceux , très-sec, qui ne pouvait se lier, et se réduisait facilement en sable, je fis mêler dans la couche inférieure de la marne, la seule substance compacte qui se trouvât à proximité; la liaison s'opéra bien, et le fond de ces chaussées a acquis de la stabilité et une bonne consistance; seulement, dans les parties où cette marne avait été mise trop abondamment, ou trop haut, elle était remontée, et avait formé de la boue; mais il est facile d'éviter cet inconvénient, et d'ailleurs la marne est trop tendre et trop grasse pour cet usage, et n'avait été employée en cette occasion que comme essai, et faute d'autre substance plus résistante. Une autre année, un pont de service en charpente ayant été jeté sur l'Oise à Pontoise, le plancher fut couvert d'un lit de cailloux siliceux de ramassage, très-durs, qui ne pouvaient se lier et rendaient ce passage fort incommode; pour les fixer, j'y fis mêler des débris d'une carrière voisine de pierre de taille calcaire, d'une dureté moyenne; la liaison s'opéra si bien, que, malgré l'élasticité du plancher, cette chaussée devint bonne et parfaitement unie; elle se conserva très-bien toute l'année, malgré la multitude de voitures qui traversaient ce pont chaque jour, et la rapidité de ses rampes; et quand il fallut l'enlever pour démolir le pont, elle se levait par lames qui avaient jusqu'à deux mètres de longueur, et présentait l'apparence d'un poudding de cailloux dans un ciment calcaire.

J'avais fait, en 1822, une épreuve du même genre sur la route de Maisons à Poissy, par la forêt de St.-Germain; le caillou siliceux étant fort rare et éloigné, je fis faire la première couche en petit moellon calcaire, et je fis passer les voitures sur une partie de cette espèce d'empierrement, pour essayer de faire serrer et lier cette pierre par la rupture de ses angles; le caillou s'est parfaitement marié avec cette couche ainsi préparée, et a fait une bonne chaussée qui se conserve bien. Néanmoins, cette opération était imparfaite, parce que j'ignorais alors les principes de Mac-Adam, et il eût été mieux sans doute d'employer de la pierre calcaire en petits morceaux, que des moellons; le passage des voitures avait bien produit une sorte de cassage, mais, comme il était incomplet et inégal, la liaison n'a pu être aussi bonne qu'entre de petits matériaux d'égale grosseur, et cependant le résultat est satisfaisant, quoique cette route soit assez fatiguée.

Les effets que l'on vient de citer sont faciles à concevoir ; car il est évident que des matériaux tendres et à surface grenue, comme les pierres calcaires et les schistes, se lient mieux et plus facilement que des matériaux plus durs et à surfaces lisses, comme les pierres siliceuses ; il est également facile de comprendre que les pierres dures, posées sur un lit de pierres tendres et fortement comprimées, s'y encastreront et s'y serreront beaucoup mieux que dans des pierres dures ; et que, par la facilité avec laquelle les pierres tendres cèdent aux pressions et aux pénétrations, il en résultera promptement une masse plus fortement unie et plus compacte, que si elle était composée uniquement de pierres dures, et qui sera par-là plus complètement imperméable et plus propre à amortir les effets des chocs et de la pression des roues.

La couche inférieure, qui ne doit jamais être atteinte par les roues, étant uniquement destinée à supporter la couche supérieure et à préserver le sol de la pénétration des eaux, n'a pas besoin de dureté ; il suffit qu'elle forme une masse compacte, bien liée, et douée d'une certaine flexibilité ; la couche supérieure, au contraire, soumise à l'action directe des roues, a besoin de beaucoup de résistance, et principalement de dureté, pour résister aux frottemens et aux chocs. On remplit complètement ces deux conditions en formant la couche inférieure en pierres tendres, et en la couvrant de pierres dures ; et nous pensons que, non-seulement cette disposition est sans inconvénient, mais encore qu'elle est préférable à toute autre, et que, quand bien même elle ne procurerait pas la facilité et l'économie qui doivent en résulter dans l'exécution des chaussées neuves, elle devrait encore être adoptée, parce qu'il nous paraît suffisamment prouvé, par les observations qui précèdent, appuyées de l'autorité de l'expérience, et principalement par l'exemple en grand, et qui date de plusieurs années, des chaussées de l'arrondissement de Landernau, établies sur des lits de fragmens de schiste qu'indépendamment d'une amélioration plus prompte, les routes exécutées de cette manière sont d'un entretien plus facile et moins dispendieux.

On objectera peut-être que si on laissait dégrader une route ainsi construite, au point que les roues atteignissent la couche inférieure, elle serait plutôt usée et rompue que si elle avait été composée en pierres dures, et surtout en grosses pierres, comme celles des anciens empierremens, que les roues ne peuvent écraser. Mais nous répondrons : 1° que dans un bon système d'entretien les roues ne doivent jamais pénétrer jusqu'aux couches inférieures; 2° que l'on n'aura jamais à craindre que les dégradations des routes arrivent à ce point, quand, après avoir été mises en bon état, leur entretien se fera par des marchés à forfait, comme il convient de le faire, quelque soit d'ailleurs le mode d'impôt qui sera adopté pour en payer la dépense; 3° que même en admettant cette possibilité (que repousse l'espoir de l'adoption d'un bon système d'entretien), et en supposant que deux routes exécutées, l'une d'après le mode proposé ci-dessus, l'autre suivant l'ancien système, soient toutes deux rouagées à fond, la première présentera des ornières profondes, qui auront pénétré dans le lit de pierres tendres; mais que, malgré leur profondeur, ces ornières seront probablement régulières à raison de l'uniformité de résistance; que pour les réparer, il suffira de remplir le fond de petites pierres tendres recouvertes de petites pierres dures, et qu'il est certain que la liaison complète de ces rechargemens en tranchées, avec le fond de la chaussée, s'opérera en peu de temps, à cause de l'homogénéité de leur composition et de celle de l'ancienne chaussée; qu'au contraire, les roues atteignant les grosses pierres de fondation, qui présentent des sommets angulaireset irréguliers, éprouvent des cahots violens qui, par la force vive qui enrésulte, enfoncent ces pierres où les écartent, en sorte qu'en peu de temps cet empierrement est bouleversé, et ne peut être rétabli dans sonétat primitif qu'en démontant ces parties de chaussée entièrement, pour les reprendre de fond; il y a donc encore, même dans ce cas extraordinaire, avantage pour le mode d'exécution que nous proposons.

L'adoption de ce mode serait surtout favorable, si l'on se déterminait à élargir les chaussées actuelles; car alors, en les démontant pour enlever l'empierrement, qui serait remplacé par de la pierre moins dure, on aurait, par le cassage des gros matériaux, toute la pierre nécessaire pour les couches supérieures des élargissemens, à moins de frais que si on était obligé d'employer de la pierre neuve, parce qu'il n'y aurait, ni acquisition, ni transport, et on éviterait par-là d'épuiser les carrières de pierres dures, et d'augmenter le prix des matériaux d'entretien.

Quant à l'exécution de ce genre de chaussée, je proposerais : 1° de for-

mcr la première couche en petites pierres calcaires ou autres pierres communes, en lui donnant le tiers de l'épaisseur de la chaussée entière pour
les routes très-fréquentées, et la moitié de cette épaisseur pour les
autres; 2° d'étendre sur ce premier lit une couche mince de 4 à 5 centimètres de pierre dure cassée, d'y passer le rouleau à deux ou trois reprises; et 3° d'étendre immédiatement le reste de la pierre dure, de la
couvrir de débris de cassage, et d'y passer les rouleaux de temps en
temps, jusqu'à ce que le tassement et la liaison des matériaux fussent
suffisans pour s'opposer à l'écartement des pierres sous le passage des
roues.

2° Objection
contre l'excès
de dépense
de
main-d'œuvre.

Il ne reste à traiter sur ce sujet que l'objection de l'excédant de dépense en main-d'œuvre, qu'exigent l'exécution et l'entretien des routes
dans le système de Mac-Adam; à la vérité, il y a plus de frais de main-
d'œuvre dans ce système que dans celui qui est généralement suivi en
France; mais il y a moins de consommation de pierres, parce qu'elles se
broient beaucoup moins promptement; et, indépendamment de l'économie dans la dépense d'entretien (qui fait au moins compensation avec
l'excédant des frais dont il s'agit), l'économie des matériaux est si importante, qu'elle suffirait seule pour donner la préférence à ce système.

Si, malgré les faits et les observations consignés dans ce mémoire, on
conservait encore des doutes sur la possibilité et sur l'avantage de l'appliquer aux routes de France, nous nous bornerions à rappeler l'exemple
positif et si concluant des routes du Finistère, où cette application a déjà
reçu la sanction du temps, en nous bornant à demander que l'on fît constater les résultats que nous avons cités, et qui répondent mieux que des
raisonnemens à toutes les objections. Nous nous bornerons à faire remarquer ici que des routes qui étaient mauvaises, il y a huit ans, lorsqu'on y
employait des sommes au moins égales à celles qu'elles ont reçues depuis,
sont devenues bonnes, et que les frais de leur entretien annuel ont été
diminués, sans qu'on ait consacré aucun crédit extraordinaire à leur
restauration, uniquement par l'application bien faite du système de Mac-
Adam par un ingénieur habile; et nous en concluons que la conversion
de système est non-seulement facile, mais même qu'elle ne serait point
onéreuse, ou qu'au moins les avances des premières années seraient

7

certainement remboursées par les économies des années suivantes , qui ,
après ce remboursement, procureraient des bénéfices réels et continus sur
les frais annuels d'entretien. Le bas prix de la main-d'œuvre dans la Bre-
tagne a pu être favorable à cette expérience ; il est cependant assez élevé
aux environs de Brest ; mais, même en admettant que dans les lieux où la
main-d'œuvre est chère, comme près des grandes villes , au lieu de bénéfice réel dans les dépenses d'entretien , il n'y ait que compensation
simple entre les économies obtenues et les frais de main-d'œuvre, il résulterait toujours l'avantage précieux d'une moindre consommation de
pierres dures, et celui d'avoir des routes en bon état, faciles et agréables
à parcourir, au lieu de mauvaises routes. Et remarquons encore que,
même en dépensant annuellement la même somme, il y a un double
avantage pour le pays, à ce qu'une partie de cette somme soit employée à
payer des journées d'ouvriers, plutôt que des consommations de matériaux.

Comparaison
entre les prix
d'exécution
et d'entretien
en France
et
en Angleterre.

L'opposition de quelques personnes , à l'application du système de
Mac-Adam à nos routes, se fonde principalement sur ce que le prix
moyen de l'entretien d'une lieue de route, en Angleterre, est généralement plus élevé que le prix moyen de celui d'une lieue de route
en France (quoique le roulage y soit moins lourd et moins multiplié),
ainsi que sur l'élévation des frais et le peu de succès des premiers essais
de ce système dans quelques départemens. On ne peut disconvenir que
ces objections sont graves , et qu'elles méritent une attention , d'autant
plus sérieuse, que si elles étaient bien fondées, elles suffiraient pour mo-
tiver le rejet de cette application ; mais elles nous paraissent plus spé-
cieuses que réelles : pour le prouver nous ferons observer, d'abord, que le
haut prix des frais d'entretien des routes anglaises est dû à des causes particulières et locales, dont les principales sont : 1° l'éloignement des carrières d'exploitation , généralement moins multipliées qu'en France,
tant par des différences dans la nature du sol, que par les obstacles qu'ap-
portent aux exploitations nouvelles la culture plus générale et plus
soignée, le grand nombre de propriétés closes et l'aversion prononcée
des Anglais pour toute atteinte à la libre et tranquille jouissance de leurs
propriétés ; 2° l'élévation des frais d'indemnités (qui tient aux mêmes

causes) ; 3° le haut prix de toute main-d'œuvre ; 4° l'humidité constante du climat.

Il faut remarquer ensuite que la comparaison des dépenses devrait,
pour être juste, s'établir, non sur les prix de l'entretien, mais bien sur
les quantités de matériaux consommés annuellement sur une même longueur de route, également fréquentée. Nous manquons de données, pré-
cises pour cette comparaison ; mais les personnes qui ont voyagé en
Angleterre doivent se rappeler combien les approvisionnemens sont peu
volumineux, comparativement aux nôtres : j'ai entendu dire à un ingénieur anglais, que l'on employait sur les routes principales, pour l'entretien annuel, un yard cube pour 15 à 20 yards de longueur ; l'yard
différant peu du mètre, cette consommation serait inférieure à celle de
nos routes royales en cailloutis, dont la consommation est d'environ un
mètre cube pour 12 mètres courans, et qui s'élève jusqu'au double de
cette proportion sur quelques routes en cailloutis des environs de Paris.

Observations
sur les essais
faits
en France
jusqu'à
ce jour.

Nous ajouterons enfin que les épreuves faites en France, jusqu'à ce
jour, ont eu naturellement le sort de la plupart des essais de choses
nouvelles ; c'est-à-dire, que malgré la bonne volonté, le zèle et les soins
de ceux qui les ont fait faire, ils ont dû coûter plus et être moins bien
faits que des travaux habituels, parce qu'il n'y avait encore, ni dans ceux
qui dirigeaient, ni dans ceux qui exécutaient, la connaissance parfaite,
l'expérience, ni l'habitude, nécessaires pour une bonne et prompte exécution ; qu'il a dû en résulter des pertes de temps et de fausses manœu-
vres, et des imperfections nombreuses, contraires à l'économie et à la
bonté de l'ouvrage ; et que l'on a subi dans cette circonstance les conséquences presqu'inévitables de tout commencement et de tout apprentis-
sage ; d'ailleurs plusieurs de ces essais ont été incomplets : ainsi, dans les
uns on a employé des matériaux arrondis ou impropres à cet usage ;
dans d'autres on a fait du Mac-Adam sur d'anciennes routes, qui avaient
conservé leurs empierremens, c'est-à-dire, leurs enclumes ; et, comme
nous l'avons fait observer d'après des faits constans, les rechargemens les
plus soignés ne peuvent durer long-temps sur ces empierremens. Enfin
ces essais, partiels et isolés, sont tous restés soumis aux influences fu-
nestes des accottemens, c'est-à-dire, à la pénétration des eaux et au mé-
lange des boues, qui s'opposent à la liaison des pierres et entretiennent

l'humidité ; ils n'étaient donc pas dans les conditions requises pour une bonne conservation ; il est, de plus, fort douteux qu'on ait entretenu ces parties d'épreuves avec les précautions usitées en Angleterre pour conserver la régularité de leur surface et prévenir toute stagnation des eaux. Pour bien juger un système, il faut l'exécuter complètement : or, le seul exemple qui nous soit connu, d'une application du système de Mac-Adam faite en grand depuis plusieurs années, avec les soins convenables dans l'exécution et dans l'entretien, est celui de l'arrondissement de Landernau, et il prouve complètement que ce système peut être appliqué à nos routes avec avantage et économie, et qu'il ne faut, pour assurer son succès, que les soins et la persévérance indispensables pour former de bons ouvriers, et pour assurer l'entier accomplissement des conditions les plus essentielles.

Observations sur le cassage et l'emploi des matériaux, et propositions d'établir des écoles pratiques.

Le système de Mac-Adam a ce mérite particulier, que le cassage des pierres, fait suivant sa méthode, exigeant peu de force, et principalement de l'adresse, permet d'employer des vieillards et des enfans, dont les journées sont moins chères, et qui sont moins facilement et moins utilement employés que les hommes dans les autres travaux. A la vérité, l'adresse et l'habitude du coup de main, nécessaires pour faire sauter d'une pierre des fragmens toujours angulaires, avec un faible effort, exigent une pratique guidée par les leçons de l'expérience ; mais si l'on adoptait ce système, on pourrait former facilement et promptement des ouvriers, en les faisant guider par des conducteurs et par des piqueurs, qui seraient instruits spécialement pour ce genre de travail, et en récompensant ceux qui réussiraient le mieux : cette pratique une fois connue de quelques bons ouvriers dans chaque département, s'étendrait rapidement par le seul stimulant de l'intérêt particulier et de la concurrence.

Le prix du cassage complet d'un mètre de pierre diffère nécessairement en raison de la nature de la pierre, et du prix des journées : il s'est élevé, dans les premiers essais, jusqu'à 4 francs, et on l'a quelquefois obtenu à 1 franc 50 c. ; le prix moyen paraît être d'environ 2 francs 50 c. : nous pensons qu'on pourrait faire ce cassage, plus rapidement et à meilleur compte, au moyen d'un instrument particulier ; mais n'ayant pu encore en faire l'épreuve, nous ne pouvons ni l'affirmer, ni établir aucunes données sur la réduction de prix qui pourrait en résulter. Il y a lieu de croire que l'action mécanique ne pouvant ménager la pierre comme le fait l'ouvrier intelligent et adroit, il y aurait, par une machine, plus de petits éclats et de débris que par le cassage à la main ; mais d'après ce que nous avons dit sur l'avantage qu'il y a à couvrir les rechargemens par de petits fragmens, ces débris seraient employés utilement à cet usage, parce qu'ils favorisent et accélèrent la liaison des matériaux, et que, les empêchant de s'écraser sous les roues, ils en augmentent la durée. Tout ce qui est relatif au perfectionnement du cassage des pierres, concerne aussi bien nos routes ordinaires en cailloutis, que les routes du système de Mac-Adam, parce que les entretiens doivent se faire de la même manière, sur les unes et sur les autres.

Cantonniers. Une condition essentielle pour assurer l'entretien des routes en cailloutis, est de charger des réparations journalières, des cantonniers intelligens, qui seraient récompensés ou punis, chaque trimestre, non plus d'après leur exactitude à se trouver sur leur route, mais en raison du bon ou du mauvais état de leur canton. Comme ces ouvriers doivent être habituellement à leur travail, même dans les mauvais temps, il serait nécessaire de leur former, de distance en distance, des abris où ils pussent se garantir des grandes pluies, ou de l'ardeur du soleil, et se reposer aux heures des repas ; il conviendrait d'en établir un par lieue, et de les disposer de manière qu'ils ne pussent point servir de refuge la nuit aux gens mal intentionnés, ou aux vagabonds.

J'ai présenté, il y a plusieurs années, un projet d'abri qui satisfait à ces conditions, et dont l'établissement ne coûterait pas plus de 200 francs aux environs de Paris, et pourrait s'exécuter pour 100 francs dans les lieux où le bois est à bon marché.

RÉSUMÉ.

Nos propositions sur la restauration et sur l'amélioration générale des routes de la France, peuvent se résumer comme il suit :

1° Elargir les chaussées, soit pavées, soit en cailloutis, de manière à leur donner 6 mètres, au moins, et 8 mètres, au plus, de largeur.

2° Faire tous ces élargissemens en cailloutis, dans le système de Mac-Adam, en enlevant les bordures des chaussées pavées actuelles.

3° Supprimer les accottemens, et former avec les déblais qui seront faits pour les élargissemens de chaussées, des trottoirs dont la largeur varierait depuis un mètre et demi jusqu'à 4 mètres, et dont l'un servirait aux piétons, et l'autre aux dépôts des matériaux d'entretien.

4° Établir le long des bords extérieurs des trottoirs, des rigoles et fossés continus, pour assurer le dégorgement complet des eaux.

5° Vendre les excédans de largeur des routes, au-delà des fossés, et toutes les plantations qui appartiennent à l'état.

6° Faire dédoubler immédiatement toutes les plantations, dont les arbres sont à moins de 7 mètres de distance; donner à l'avenir aux riverains la propriété entière et la libre disposition des plantations nouvelles à faire sur leurs terreins, sous des conditions déterminées, pour assurer la régularité convenable et un ombrage suffisant pour les piétons et pour l'ornement des routes, sans nuire à leur conservation.

7° Convertir progressivement toutes les chaussées en cailloutis (à l'exception seulement de celles, en petit nombre, qui sont habituellement bonnes et d'un entretien facile) en chaussées à la Mac-Adam, en supprimant les empierremens, et en les remplaçant par de la pierre moins dure, la plus commune dans chaque localité, cassée en petits morceaux.

8° Employer les grosses pierres dures, extraites de ces empierremens et cassées, à faire les élargissemens de chaussées, en les étendant sur un lit de petites pierres tendres les plus communes dans chaque localité.

9° Faire établir de forts rouleaux en bois, de grand diamètre, pour comprimer les couches neuves de petites pierres cassées, et avoir toujours soin de couvrir ces couches de débris de cassage ou de très-petits matériaux.

10° Appliquer le système de Mac-Adam à l'entretien de toutes les routes en cailloutis.

11° Perfectionner l'institution des cantonniers, chargés des réparations journalières, et leur donner des abris.

12° Faire des essais d'instrumens propres à opérer le cassage avec célérité, et à bas prix.

13° Former des écoles pratiques de conducteurs, de cantonniers et d'ouvriers pour le cassage de la pierre, et pour l'exécution complète et soignée du système de Mac-Adam, appliqué aux constructions neuves et aux entretiens.

14° Améliorer le plus possible les chaussées actuelles, savoir : 1° les routes pavées, en admettant un meilleur système de bordures, en n'employant le pavé neuf qu'en relevés à bout, en établissant des cantonniers-paveurs pour les réparations journalières, et en sablant légèrement ces chaussées, dans les temps de sécheresse; 2° les routes en cailloutis, en n'employant que de petites pierres, en les couvrant de débris de cassage, et en les soumettant à la pression de forts rouleaux en bois, répétée jusqu'à ce que le tassement et la liaison des matériaux commencent à s'opérer; enfin, en faisant faire toutes les réparations habituelles par des cantonniers, avec de petits matériaux qui ne seraient jamais employés qu'après l'enlèvement des boues ou de la poussière, et le repiquage de la place qu'ils doivent occuper, et qui seraient toujours recouverts avec le détritus extrait par le piquage.

15° Améliorer les accottemens, en attendant leur suppression totale, en les régalant avec un instrument en forme de forte herse, traîné par des chevaux, et en les aplanissant avec de forts rouleaux, qui passeraient immédiatement après les herses.

16° Adopter le péage général sur toutes les routes royales et départementales du royaume, à partir du premier janvier 1831, et consacrer l'application entière et immédiate de leurs produits, sur chaque route, à leur entretien.

17° Assurer d'abord la mise en bon état des routes actuelles, avant l'établissement du péage, et ensuite leur restauration complète et l'exécution, en six années, des améliorations nombreuses qu'elles réclament, en admettant, pendant six ans, à partir du premier janvier 1830, dans les budjets de l'état et des départemens, des allocations spéciales, comme il suit :

Pour l'année 1830, le crédit ordinaire, annuel, serait élevé au taux nécessaire pour mettre les routes en bon état de viabilité dans le cours de ladite année, avant de commencer l'établissement du péage; il serait au moins doublé pour les routes royales, à la charge du trésor; les conseils généraux des départemens détermineraient les allocations nécessaires pour les routes départementales.

À partir de la fin de 1830, et pendant les cinq années suivantes, on conserverait, dans les budjets de l'état et des départemens, des allocations annuelles, qui seraient au moins égales à celles qu'exigent les frais actuels d'entretien, en supposant que l'on se bornât à restaurer les routes dans le système actuel, et qui devraient être d'un quart en sus environ, si on voulait adopter le nouveau système complet, tel que nous le proposons. Ces allocations seraient appliquées entièrement aux améliorations néces-saires pour rendre ces routes parfaitement bonnes et d'un entretien plus facile et moins dispendieux, les frais d'entretien courant étant alors assu-rés par les produits du péage.

Après ce terme, c'est-à-dire, au premier janvier 1836, les péages se-raient seuls chargés de subvenir aux dépenses de toute nature, des routes et des petits ouvrages d'art; les constructions, réparations et entretiens des grands ouvrages d'art, tels que les grands ponts, les di-gues, etc., resteraient seuls à la charge du trésor.

À cette époque, le crédit annuel affecté à l'entretien des routes royales dans le budjet de l'état, qui est d'environ 15 millions, serait supprimé et compensé par une réduction égale dans la perception de quelques impôts indirects, notamment de l'impôt sur le sel, si onéreux pour l'a-griculture et pour les classes indigentes.

Les crédits d'entretien des routes, dans les budjets des départemens, seraient également supprimés, et permettraient de réduire le taux des centimes additionnels, ou de les appliquer à d'autres objets d'utilité publique, suivant les propositions des conseils généraux.

CHAUSSÉES MIXTES.

Ayant terminé nos observations sur les chaussées en pavé, en blocage et en cailloutis, nous ajouterons un mot sur un système de chaussées mixtes qui sont peu connues encore, mais qui peuvent convenir et pré-senter des avantages réels dans quelques cas particuliers; ces chaussées sont celles dans lesquelles les rouages (c'est-à-dire les lignes suivies le plus habituellement par les roues) sont d'une nature différente du

reste de la chaussée ; on voit dans le dessin n° 2 quatre exemples différens de ce système; les fig. n° 3 et n° 4 représentent des rouages en forts
pavés de grès, semblables aux bordures ordinaires, enchâssés, les uns
dans une chaussée de blocage, et les autres dans une chaussée en cailloutis; la fig. 5 représente des rouages en pavé ordinaire cubique, dont
les rangs sont alternativement composés de deux et de trois pavés, dans
une chaussée de blocage; et on voit à la fig. n° 6 des rouages en petits
pavés, dont les rangs sont de quatre et de cinq pavés enchâssés dans une
chaussée en cailloutis.

Les avantages de ces chaussées sont d'économiser beaucoup le pavé,
dans les localités où le grès est rare, et de procurer cependant aux voitures une facilité de tirage, égale à celle que présentent les chaussées tout
en pavé; il y a même avantage sous quelques rapports; car, si d'une
part le pavé est plus favorable au tirage que toute autre chaussée, il
est aussi plus fatiguant pour les pieds des chevaux, surtout dans les
temps secs; dans le système des chaussées mixtes, les chevaux marchent
sur le cailloutis ou sur le blocage sablé, sur lesquels ils ont bien pied, et
les roues passent sur le pavé, où elles éprouvent le moins de tirage.

Lorsque l'on a des grès ou de la pierre dure, qui se coupent bien et régulièrement, on peut former des rouages, en quelque sorte dalés, sur
lesquels les roues n'éprouvent presque pas de frottemens ni de heurts, et
qui peuvent être considérés, pour la facilité du roulage, comme un in-
termédiaire entre les routes pavées et les chaussées de fer. Un essai du
système indiqué par la fig. 4 a été tenté sur la route de Paris à Cherbourg, sur une petite longueur, entre Mantes et Rosny; il n'a pas présenté
les avantages que l'on devait en attendre, parce que le grès qui avait servi
à faire les gros pavés, provenant de rochetons et de bancs irréguliers,
ces pavés étaient eux-mêmes fort raboteux; cependant ils se sont bien
maintenus, et cet exemple a suffi pour faire juger du succès qu'on obtiendrait avec de meilleurs matériaux.

Un essai plus en grand, du système indiqué par le dessin n° 5, a été
fait sur toute la chaussée neuve de la route départementale qui conduit
de la Celle à Bougival, par une rampe assez rapide, et il a complètement
réussi.

Les dessins présentent les dispositions de quatre rouages réguliers, sur une chaussée d'une route de première classe, dont la largeur serait de 6 mètres; quand une voiture est seule, elle peut suivre les deux rouages du milieu; quand deux voitures se croisent, l'une suit les deux rouages de gauche, et l'autre les deux rouages de droite; les passages d'une partie de la chaussée sur l'autre n'éprouvent jamais plus de difficultés que sur une route en cailloutis ou en blocage; sur une chaussée plus étroite, on ne met que trois rouages, et même seulement deux rouages quand la chaussée a moins de 4 mètres.

En comparant l'exécution d'une chaussée dans l'un des systèmes indiqués par les n°° 3 et 4, avec une chaussée en pavé d'échantillon de même largeur, on trouve que le prix du mille de pavés étant de 3oo fr., une chaussée de 6 mètres avec quatre rangs de gros pavés-dalles, coûte près d'un tiers de moins que la chaussée en pavés ordinaires, et que cette différence est de près de deux 5°¹, quand le pavé coûte 4oo francs le mille. Pour une chaussée de 5 mètres, avec trois rangs de dalles, les différences correspondantes sont des trois 8°¹ et des trois 7°¹; elles sont d'un peu moins des trois 7°¹ dans la première hypothèse, et d'un peu plus des cinq 11°ˢ dans la seconde, quand la chaussée a 4 mètres, et ne porte que deux rouages réguliers.

APPENDICE.

Le choix des moyens d'exécution à employer pour parvenir à la restauration complète de nos routes et à leur bon entretien, est assurément d'une grande importance, mais il ne suffit pas pour assurer ces résultats: il faut encore adopter la marche la plus favorable pour les obtenir; cette marche comprend tout ce qui tient aux dispositions administratives, à la direction et à la surveillance des travaux; et comme ces mesures doivent avoir une grande influence sur le succès, nous nous faisons un devoir de faire connaître aussi notre opinion sur quelques branches de cette partie essentielle du service. Après avoir hésité quelque temps à entrer dans des considérations plus délicates et plus difficiles à traiter que les questions d'art discutées dans ce mémoire, nous nous déter-

minons à le faire, dans la confiance que les administrateurs et les ingénieurs, rendant justice à nos intentions, reconnaîtront facilement,
quand bien même ils ne partageraient pas notre manière de voir, que nous
n'avons été déterminés à traiter ces sujets que par le désir d'être utiles,
et par la conviction que, dans les circonstances actuelles, et au moment
où il s'agit d'adopter de grandes mesures, il y a, pour ceux qui ont ré-
fléchi sur ces matières, une sorte d'obligation de soumettre leurs idées
et leurs vues au jugement de l'administration, des ingénieurs et du
public.

Nous nous bornerons à considérer ici deux branches de l'action ad-
ministrative relative aux routes; l'une est la police du roulage, l'autre
comprend la direction et la surveillance des travaux.

———

POLICE DU ROULAGE.

La conservation des routes, et le taux des frais de leur entretien, dépendent essentiellement de la fatigue qu'elles éprouvent ; et nous croyons,
comme la plupart des ingénieurs, que l'excès des chargemens des voitures du roulage, et surtout la tolérance trop grande en faveur des
diligences, sont les causes les plus actives des dégradations. Il est donc
bien nécessaire de s'occuper de réduire l'un et l'autre, quelque soit le
mode que l'on adopte pour restaurer les routes. Un inspecteur divi-
sionnaire des ponts et chaussées, M. Jousselin, a déjà exprimé cette opinion, et exposé ses vues sur cette réduction et sur les modifications à
apporter aux règlemens actuels sur le roulage, dans une brochure qu'il
a publiée sous le titre d'*Observations sur le rapport de la commission du
budjet, année 1829, section 2, ponts et chaussées.* Quoique nous ne pen-
sions pas comme cet inspecteur, *que les allocations actuelles suffiraient si
le tarif du roulage était moindre,* nous partageons entièrement son opinion sur la plupart des autres parties de cette branche du service; c'est
pourquoi, sans entrer dans des explications que l'on trouvera mieux ex-
posées dans sa brochure que nous ne pourrions le faire, nous nous bornerons à dire ici que nous pensons comme lui :

*Que les chargemens des grosses voitures de roulage sont hors de proportion
avec la dureté de nos matériaux.*

Que les ponts d bascule ne sont pas à beaucoup près assez nombreux.

Que la conduite des préposés n'est pas, en général, ce qu'elle devrait être, et que leur organisation est défectueuse.

Que la largeur des jantes au-dessus de 17 centimètres a peu d'avantages pour la conservation des routes.

Et qu'enfin il conviendrait de comprendre, dans les règlemens sur la police du roulage, toutes les voitures, même celles à jantes étroites, qui sont attelées d'un seul cheval, parce qu'elles sillonnent les routes, et sont très-nuisibles.

Nous partageons encore entièrement l'opinion de M. Jousselin, sur les résultats fâcheux des tolérances accordées aux diligences par une ordonnance du 26 septembre 1827, et autres décisions qui ont autorisé les messageries à réduire les jantes de leurs roues à huit centimètres, et à porter sur des jantes de 11 centimètres des poids plus forts que ceux qui étaient autorisés par le décret du 23 juin 1806.

Les diminutions proposées par cet inspecteur, pour les chargemens qui seraient réduits à un poids un peu supérieur à la moité du poids des chargemens autorisés aujourd'hui, nous paraissent trop fortes, surtout pour les chariots : nous craindrions qu'un aussi grand changement ne causât des dommages à un grand nombre d'établissemens; c'est pourquoi nous sommes d'avis, qu'il suffirait de réduire les chargemens des voitures à deux roues d'un tiers, et ceux des chariots et des diligences d'un quart seulement ; et nous pensons que si on jugeait indispensable de les réduire davantage, ce ne devrait être que plus tard, et après une transition graduée pendant plusieurs années, pour ne pas trop froisser les habitudes du commerce, et lorsque la navigation aura fait d'assez grands progrès pour augmenter sensiblement les transports par eau.

Nous n'entrerons dans aucun détail sur les bases et sur les limites des tarifs au sujet desquels l'auteur que nous citons a donné des vues très-éclairées, et nous nous bornerons à parler ici des moyens de constater les contraventions, et de les réprimer.

Le bris des roues des voitures à jantes étroites, attelées de plus d'un cheval, est une mesure violente, qui se ressent de l'influence du gouvernement militaire sous lequel elle a été rendue, et qui n'a presque jamais été mise à exécution, parce qu'il y a réellement excès de rigueur, et quel-

que chose de barbare, à détruire un instrument à cause de la faute de
son propriétaire.

Le déchargement des excédans de poids est une mesure juste et utile,
mais elle entraîne bien des discussions et des difficultés, et, comme cette
mesure ne s'exécute qu'assez rarement aux ponts à bascule, en petit
nombre, où il y a une surveillance active et des proposés fermes et probes,
le but est très-imparfaitement rempli.

D'ailleurs les déchargemens, à proximité de Paris, des voitures qui
arrivent de fort loin, sont presque sans utilité, au terme du voyage, et
prouvent qu'en général les répressions sont très-incomplètes; tandis que si
l'exactitude du service était bien assurée, les déchargemens devraient
s'exécuter peu après le départ; les rechargemens postérieurs qui se
font quelquefois en fraude, ne pourraient avoir lieu si les ponts à bascule étaient assez multipliés et bien servis, car alors les frais des amendes
répétées dépassant les bénéfices, les rouliers éviteraient avec soin de se
mettre en surcharge, et il n'y aurait conséquemment pas lieu à déchargement.

Insuffisance
des moyens
actuels
de répression.

Le grand nombre de procès-verbaux dressés annuellement en récidive,
démontre évidemment que les amendes sont, ou trop faibles, ou trop rarement appliquées, ou trop facilement réduites, puisque les voituriers
aiment mieux s'y exposer plusieurs fois de suite que de se soumettre aux
règlemens. Une des causes qui s'oppose le plus à ce qu'on s'y conforme,
est la facilité avec laquelle les délinquans font admettre des motifs at-
ténuans, sur des certificats accordés la plupart du temps par complai-
sance; et il y a dans les jugemens rendus sur ces réclamations, un vice
radical, en ce qu'ils ne sont jamais précédés d'une discussion contradic-
toire, et que les préposés qui y sont si intéressés, ne sont presque jamais
admis à examiner et à réfuter les déclarations et témoignages, dont il
leur serait souvent facile de prouver l'inexactitude et quelquefois même
la fausseté; tandis que les délinquans ont la facilité de produire tous les
moyens de défense, et y sont même invités; cela est juste assurément;
mais on ne conçoit pas pourquoi les préposés ne sont pas également admis et même appelés à défendre leurs droits, surtout quand on pense
que leur intérêt au maintien des amendes encourues est lié directement
avec celui du trésor.

La tolérance des règlemens sur la police du roulage étant beaucoup trop grande, et cette tolérance étant encore journellement dépassée, faute de moyens de répression assez efficaces, il n'est pas étonnant que les routes soient écrasées, et il serait assurément inutile de consacrer de grandes sommes à leur rétablissement, si on ne commençait pas par modifier ces règlemens, surtout en ce qui concerne les voitures à deux roues (qui, par un contre-sens fâcheux, sont plus favorisées que les chariots) et les voitures qui vont au trot.

Causes principales de l'inefficacité de ces moyens.

L'inefficacité des moyens, employés jusqu'à ce jour pour garantir l'exécution des règlemens sur la police du roulage, tient à plusieurs causes que nous allons indiquer.

La première résulte du découragement général des préposés les plus probes; elle est justifiée par l'absence de récompenses et d'encouragemens pour ceux qui les méritent; par des suppressions générales, plusieurs fois répétées, malgré leurs réclamations et celles des ingénieurs, des parts d'amendes qui leur sont attribuées par la loi, et qui doivent former le complément de leur modique traitement; par les modifications et les réductions journalières du taux des amendes par les conseils de préfecture; et enfin par la lenteur excessive des versemens, qui résulte de la multiplicité des formes; d'où il suit que le préposé, qui a un traitement insuffisant, et qui n'est point récompensé quand il fait son devoir, se laisse entraîner par le besoin, à préférer une remise immédiate illicite, à l'attente prolongée et incertaine de ce qui lui était garanti par la loi.

La seconde cause consiste dans la facilité de la fraude, et dans la difficulté de la constater, parce qu'elle s'opère presque toujours par des intermédiaires, tels que des aubergistes, intéressés à la céler.

La troisième est l'animadversion à laquelle un préposé intègre se trouve en butte, dans la commune qu'il habite, lorsqu'il n'est pas soutenu avec fermeté par l'autorité, parce que le roulage prenant des voies détournées pour éviter ces passages qu'il redoute, les aubergistes et les marchands, qui voient diminuer le nombre des voitures, et qui en découvrent bientôt la cause, s'en prennent au malheureux préposé. Cela est si vrai, qu'il est arrivé plusieurs fois que les meilleurs préposés du département de Seine-et-Oise ont été victimes de cette animadversion, tant par des dénonciations acharnées, reconnues calomnieuses, que par suite d'émeutes déterminées par des délinquans, soutenus par les habitans intéressés, et qu'ils n'ont presque jamais trouvé ni appui, ni protection suffisante auprès des autorités locales.

La quatrième enfin est due aux distances des ponts à bascule, généralement trop éloignés, et à la facilité avec laquelle on peut en tourner un assez grand nombre, au détriment des routes départementales ou des chemins vicinaux par lesquels se font les déviations.

On peut encore compter au nombre des inconvéniens du mode actuel, l'obligation où se trouvent les préposés de quitter leurs ponts à bascule, plusieurs fois par jour, pour aller affirmer et déposer leurs procès-verbaux.

Cet exposé doit suffire pour prouver la nécessité de modifier les règlemens sur la police du roulage, et le mode de répression des contraventions.

Modifications des règlemens existans.

Pour ce qui concerne les règlemens, nous savons que l'administration s'occupe de rectifier et de perfectionner ceux qui existent : nous devons donc attendre avec confiance les améliorations que réclame cette partie du service ; déjà une ordonnance a été rendue, pour réduire la saillie excessive des essieux, qui est cause de nombreux accidens ; il serait à désirer que les nouveaux règlemens défendissent aussi de jamais porter la largeur des chargemens au-delà des faces extérieures des roues.

Il est également désirable que l'on remédie à l'abus des dispositions qui concernent les objets indivisibles ; car il arrive tous les jours que l'on transporte impunément des pierres ou des arbres d'un poids énorme, sous lesquels on voit fléchir et enfoncer le pavé le mieux établi ; tandis que la même voiture se trouverait en contravention, si elle portait une charge beaucoup moins forte, en plusieurs blocs. Pour prouver l'insuffisance des dispositions réglementaires actuelles, je citerai le fait d'une pierre de très-grande dimension, portée par un chariot attelé de trente-deux chevaux, qui a été conduite de Conflans à Saint-Germain, par une route qui ne présente que des rampes fort douces ; elle a passé sur le pont en charpente de Maisons, qui heureusement était solidement construit et récemment restauré, mais qui eût été percé infailliblement, si la rupture d'un essieu, arrivée une lieue plus loin, dans la forêt de Saint-Germain, eût eu lieu sur ce pont; cependant on n'a pu, ni condamner l'entrepreneur à l'amende, ni même exiger légalement aucune indemnité pour les dommages causés par ce transport.

Malgré l'espèce de nécessité qui semble résulter de l'indivisibilité d'objets d'un grand poids, on pourrait presque toujours empêcher que, même dans les chargemens de ce genre, la pression exercée par les roues dépassât les limites posées par les règlemens, en raison de la résistance des chaussées, en prescrivant d'employer des équipages d'un nombre de roues, tel que le poids supporté par chacune fût renfermé dans ces limites : ainsi, on peut exiger que les blocs énormes de pierre, journellement transportés sur des voitures à deux roues, le soient sur quatre roues; pour les objets dont le poids dépasserait la tolérance admise pour les chariots, on pourrait prescrire l'addition d'une troisième paire de roues, disposée de manière à ce que la charge soit répartie à peu près uniformément; et enfin, dans les cas rares et tout-à-fait extraordinaires où ce moyen serait insuffisant ou impraticable, il conviendrait d'exiger que l'on obtînt une autorisation qui constaterait l'impossibilité d'éviter l'excès de chargement, et qui ne serait accordée que sur l'engagement formel de payer tous les dommages que ces transports pourraient occasionner.

Observations et propositions sur le mode de répression. Quant aux vérifications des poids des chargemens, il est généralement reconnu que les ponts à bascule ne sont pas assez nombreux; mais il serait bien inutile d'en augmenter le nombre, si on ne prenait pas des mesures efficaces pour empêcher les fraudes; le meilleur, ou plutôt le seul moyen que nous connaissions d'atteindre ce but, consiste à faire en sorte que les préposés n'aient aucun intérêt à transiger avec les délinquans, en leur abandonnant le produit entier des amendes.

La privation pour l'état des parts d'amendes qui entrent au trésor ne peut être mise en comparaison avec les avantages et les économies qui résulteraient d'une bonne répression, qui est le but réel de la loi. D'ailleurs il y aurait une sorte de compensation dans la réduction, ou même dans la suppression des traitemens des préposés, qui, pendant les premières années, seraient suffisamment rétribués par les produits entiers des amendes, dès qu'ils seraient assurés; les préposés pourraient

alors recevoir directement le montant des amendes , lorsque les délinquans s'en reconnaîtraient débiteurs ; en cas contraire , ceux-ci seraient
tenus de donner caution au préposé, et auraient la faculté d'exiger la
vérification de leur chargement, dont les frais seraient supportés par
celui qui aurait tort ; en cas de réclamations quelconques, les réclamans et les préposés auraient droit de se pourvoir, comme dans toute
discussion entre des intérêts privés.

La crainte de fraudes de la part des préposés, au détriment des voituriers, n'est pas plus à craindre ici que dans toute autre application
des règlemens de police ; car ceux qui pourraient se croire lésés auraient
toujours la faculté de s'inscrire en faux, comme contre toute autre attes-
tation d'un agent assermenté , et la gravité des peines qui punissent ces
délits est une garantie suffisante contre cette crainte. Seulement, pour
donner les moyens de réclamer, à ceux qui en auraient l'intention , les
préposés seraient tenus : 1° d'inscrire dans des formes déterminées, sur
des registres paraphés, toutes les contraventions qu'ils constateraient, et
d'en remettre chaque mois une copie signée d'eux à la mairie ; 2° de dé-
livrer aux réclamans des extraits de ces registres certifiés conformes ; et
3° de donner des reçus des montans d'amendes qu'ils toucheraient, et de
les inscrire régulièrement sur un registre également paraphé.

On doit penser que les répressions des contraventions étant parfaitement assurées par cette mesure et par l'augmentation du nombre de
ponts à bascule, les voituriers, n'ayant plus d'espoir d'échapper aux
amendes, qui seraient plus répétées, et ne pouvant plus trouver de bénéfices dans les surcharges, se soumettraient aux règlemens, et que
les contraventions deviendraient alors tellement rares, que le produit
des amendes serait insuffisant pour les préposés ; ce fait pouvant se vérifier facilement par l'inspection de leurs registres , il serait juste alors
de leur donner un traitement convenable, et on devra le faire d'autant
plus volontiers, que l'insuffisance du produit des amendes sera une
preuve positive de l'efficacité des répressions.

<table>
<tr><td>Augmentation
du nombre
des machines
à peser
les voitures.</td><td>Le déplacement de plusieurs ponts à bascule existans et surtout
l'augmentation de leur nombre, dont la nécessité est reconnue, exige-
raient une somme considérable ; M. Jousselin la porte à 4 millions</td></tr>
</table>

pour les routes royales ; et nous croyons que cette somme est loin d'être exagérée : de plus, il faudrait aussi établir des ponts semblables sur les routes départementales ; car, sans cela, un grand nombre de ces routes serait suivi par le roulage, qui se détournerait des routes royales. Il en résulterait donc des dépenses très-élevées pour le trésor et pour les départemens, en frais de premier établissement, en entretiens annuels et en traitemens.

Nouveaux ponts-balances.

Nous pensons qu'on peut atteindre le but proposé avec une grande économie, en adoptant les ponts-balances, dont j'ai fait exécuter un modèle à Versailles, à la demande du conseil général du département. Ce modèle ayant été soumis pendant un an à toutes les vérifications et épreuves nécessaires, et ayant donné des résultats entièrement identiques avec ceux d'un pont à bascule ordinaire voisin, on peut assurer maintenant qu'il peut faire le même service que ces ponts.

Ses avantages sont d'être beaucoup moins dispendieux que les autres, et d'être tellement léger, que (sauf la plate-forme en pierres sur laquelle on l'asseoit, et qui doit être permanente) on le transporte facilement, avec les poids et le mobilier nécessaires, sur une voiture à deux chevaux, et qu'on le place en deux ou trois heures ; on peut donc desservir, avec un seul de ces ponts, plusieurs routes, sur lesquelles des plates-formes semblables seraient disposées convenablement ; les mutations pourront toujours se faire en 24 heures ; on pourrait arrêter immédiatement, et à l'improviste, les détours des roulages ; et les voituriers ne pouvant jamais savoir d'avance celle des routes affectées à un pont, sur laquelle il se trouverait à une époque déterminée, n'oseraient pas s'exposer en surcharge.

Le prix d'un de ces ponts-balances, qui pourrait facilement desservir trois et même quatre routes dans un même département, coûterait, pour le mécanisme, le mobilier et l'établissement de la fosse, de 2,500 fr. à 3,000 fr. au plus, selon les localités. En supposant que chacune des fosses établies sur les trois routes, coûtât 800 fr., et ajoutant une somme de 600 fr., à valoir pour cas et objets imprévus, la somme totale, pour les quatre routes, serait de 6,000 fr., et pour chacune, de 1,500 fr.

Nous ne comprenons pas dans ces dépenses celles des abords, qui consistent dans les chaussées en forts pavés de choix, et dans les chasse-roues et barrières, parce que ces parties accessoires varient selon les localités. Leur exécution aurait lieu pour chaque route, comme les travaux ordinaires, sur son crédit particulier.

Modification à faire aux ponts à bascule actuels. Les ponts à bascule actuels présentant des inconvéniens qui ont déterminé l'administration à demander des perfectionnemens, nous pensons qu'il serait utile de changer le système de construction de leurs tabliers, et de renoncer à employer, pour les soulever, le moyen lent, incommode et dangereux des verrins, en adoptant les modifications que nous avons fait exécuter, il y a environ trois ans, au pont à bascule de Versailles, et desquelles il résulte plus de solidité et de stabilité dans le tablier, et plus d'exactitude et de célérité dans le pesage.

DE LA DIRECTION ET DE LA SURVEILLANCE DES TRAVAUX DE ROUTES.

Des ingénieurs. La direction des constructions et de l'entretien des routes doit naturellement être attribuée aux hommes qui ont la théorie et l'expérience de ce genre de travaux, c'est-à-dire, aux ingénieurs des ponts et chaussées ; mais comme tous n'ont pas les mêmes goûts, ni la même aptitude pour un même genre d'occupations, il serait préférable, dans l'intérêt de chaque branche du service, qu'elle fût suivie par ceux qui y seraient les plus propres, et qui, par une sorte de vocation, s'y consacreraient spécialement. Nous croyons que la spécialité est (surtout dans les travaux publics) un des meilleurs moyens d'assurer l'emploi, le plus complètement utile pour le pays, des connaissances et du travail de chaque fonctionnaire.

Ainsi, nous pensons qu'il serait désirable que les ingénieurs, qui ont le plus de goût et d'aptitude pour les travaux de routes, s'y consacrassent entièrement et exclusivement ; tandis que d'autres s'occuperaient des grands ouvrages d'art, et d'autres des travaux de navigation sur un ou sur plusieurs départemens, suivant la nature et l'importance de ces travaux.

Si cette disposition était adoptée, un ingénieur, bien secondé par un nombre convenable de bons conducteurs, suffirait dans la plupart des départemens pour le service général des routes après leur restauration, et de tout ce qui en dépend ou s'y rattache, c'est-à-dire, y compris la grande voirie et la police du roulage. Dans les départemens où ce service est considérable, comme ceux qui comprennent les principales villes du royaume et ceux qui entourent la capitale, on pourrait partager ce service entre deux ingénieurs.

Des Conducteurs.

Nous avons supposé que les ingénieurs, spécialement chargés des routes, seraient secondés par de bons employés, et, en effet, cette condition est d'autant plus indispensable, que la bonne exécution des ouvrages et leur bon entretien dépendent surtout de la surveillance habituelle et journalière, qui ne peut s'exercer que par des employés secondaires qui habitent sur les lieux, qui voient fréquemment par eux-mêmes, et qui s'occupent de tous les détails : ces fonctions n'exigent ni une grande variété, ni une grande profondeur de connaissances; mais seulement une instruction particulière, beaucoup d'activité et de soins, et une surveillance habituelle; ainsi, les ingénieurs des ponts et chaussées en service extraordinaire ne pouvant suffire aux grands travaux qui s'exécutent maintenant, je proposerais de réduire le nombre de ceux qui sont chargés des routes, et d'augmenter le nombre des conducteurs qui seraient attachés à ce service, ce qui permettrait de supprimer entièrement les piqueurs; chaque conducteur aurait un arrondissement déterminé, qui comprendrait à peu près et moyennement deux cantons ou justices de paix, et se composerait de plusieurs routes peu éloignées de sa résidence, qu'il pourrait surveiller facilement. Pour pouvoir juger la capacité, les dispositions et la moralité de ces employés, et pour être certain d'obtenir partout l'application des meilleurs principes et l'harmonie nécessaire dans tous les travaux semblables, il serait nécessaire de former, pour l'instruction de ces conducteurs, des écoles préparatoires, dans lesquelles on enseignerait la théorie et la pratique.

Pour attacher ces employés à leurs fonctions, et pour les engager à s'y dévouer entièrement, par la certitude de posséder un état convenable et permanent, il faudrait organiser les conducteurs en un corps composé de plusieurs classes, et établir un règlement pour les promotions, et pour assurer des retraites proportionnées à l'utilité et à la durée des services ; mais il faudrait surtout garantir des moyens de récompenser le zèle et la bonne conduite.

Dans ce système, chaque conducteur, fixé dans son arrondissement, répondrait du bon état de ses routes et de l'ordre dans toutes les parties du service qui lui seraient confiées ; il serait naturellement chargé en même temps de la police des alignemens et des plantations ; il serait autorisé à donner immédiatement les alignemens dans les traverses dont les plans seraient arrêtés, conformément à ces plans, sous sa responsabilité : il pourrait de même répondre directement aux demandes pour les plantations des routes, toutes les fois qu'il n'y aurait à faire que la simple application des règlemens : hors des limites déterminées de ses attributions, il devrait en référer à l'ingénieur, et celui-ci au préfet pour les cas importans ; bien entendu que les administrés auraient toujours le droit d'en appeler aux autorités supérieures, lorsqu'ils le jugeraient à propos. En suivant cette marche, on éviterait les retards dans l'expédition des décisions de peu d'importance et qui sont souvent de simple forme, retards qui résultent surtout des cascades multipliées auxquelles elles sont soumises, et qui excitent de nombreuses plaintes ; et on affranchirait les fonctionnaires supérieurs de pertes de temps fâcheuses, sans utilité réelle.

Des Cantonniers. Ces conducteurs auraient sous leurs ordres immédiats les cantonniers, et comme ils seraient responsables de leur service, ils auraient la faculté de les choisir, de les récompenser, de les punir d'après le règlement, et de les remplacer.

De même les ingénieurs chargés des routes, de la grande voirie et de la police du roulage, étant responsables du bon état des routes et de l'ordre du service, devraient avoir le choix de la nomination des conducteurs placés sous leurs ordres et des préposés des ponts à bascule, et être libres de décider les applications des récompenses et des peines portées par les règlemens, et même de révoquer ces employés, sans en référer à l'autorité supérieure et sans appel ; parce qu'il ne peut y avoir de responsabilité réelle qu'avec le libre choix des hommes et des

instrumens, et une autorité entière sur les personnes qu'on emploie.
Lors de ces révocations, et lorsqu'elles ne seraient pas déterminées par
des sujets de plaintes graves (pour lesquels il y aurait des dispositions
particulières dans le règlement d'organisation du corps des conducteurs),
ces employés entreraient en disponibilité pour les autres départemens.

Lorsqu'il n'y aurait pas de sujets disponibles dans les cadres, les ingénieurs auraient la faculté de choisir des employés provisoires, qui
rempliraient les fonctions de conducteurs, mais qui ne pourraient être
attachés définitivement au corps que quand ils auraient passé un temps
déterminé à l'école spéciale, et subi les examens nécessaires pour cette
admission.

Les traitemens de ces conducteurs seraient composés de deux parties,
l'une, fixe pour chaque grade, formant le traitement proprement dit ;
l'autre, comprenant les frais de tournée et de bureau, serait variable
en raison des fonctions et des résidences. Il y aurait en outre un fonds
spécial et annuel pour les gratifications à accorder, sur la proposition
des ingénieurs, aux conducteurs qui auraient mérité des récompenses ;
ce fonds serait calculé sur l'hypothèse d'une rétribution de 3oo fr. à
la moitié du nombre total des conducteurs dans chaque département ;
elle s'augmenterait du montant des amendes, qui ne pourraient, dans
aucun cas, excéder le dixième du montant total du traitement fixe et
variable, et dont la réalisation s'opèrerait au moyen de retenues sur
les appointemens.

Le concours des autorités locales pouvant être très-utile pour secon-
der la surveillance des agens de l'administration, et pour maintenir les
conducteurs dans la ligne de leurs devoirs, les relations de ces autorités
avec ces employés seraient déterminées par un règlement particulier,
dans lequel nous pensons qu'il conviendrait d'insérer les dispositions
suivantes :

Les maires et adjoints de toutes les communes d'un arrondissement
de route, et le conducteur chargé de cet arrondissement, auraient la
faculté de correspondre en franchises, sous bandes, pour tous les objets
de service.

Les conducteurs adresseraient à chacun des maires des communes traversées par une route de leur arrondissement, des extraits sommaires de leurs procès-verbaux de réception de matériaux, et des réceptions d'ouvrages pour cette route, signés d'eux, en même temps qu'ils adresseraient ces procès-verbaux aux ingénieurs.

Les maires et adjoints adresseraient directement aux conducteurs leurs observations, et les demandes d'explications sur ce qu'ils remarqueraient de contraire à l'ordre ou à l'intérêt public sur les routes ; et, en cas qu'ils ne fussent pas satisfaits des réponses qu'ils recevraient, ils s'adresseraient aux ingénieurs chargés de la surveillance, en leur envoyant copies des demandes et des réponses.

Vérifications. Les ingénieurs ne pouvant exercer eux-mêmes, qu'à des époques assez éloignées, la surveillance des travaux et des opérations dirigés par les conducteurs, auraient sous leurs ordres immédiats des employés supérieurs choisis parmi les meilleurs conducteurs, qui seraient chargés spécialement de la surveillance habituelle, avec le titre de vérificateurs.

Ces vérificateurs préviendraient les maires de leurs tournées, pour que ces fonctionnaires pussent leur communiquer directement, ou par écrit, leurs observations sur le service ou sur la conduite des conducteurs ; ils feraient au moins une tournée par trimestre sur chaque route, et rendraient compte aux ingénieurs, par des rapports mensuels, des vérifications faites dans chaque mois.

Le nombre des vérificateurs attachés à chaque ingénieur, varierait de un à trois, selon qu'il serait jugé nécessaire dans chaque département.

Ces vérificateurs recevraient un traitement fixe, supérieur à celui des conducteurs, et une indemnité déterminée, par myriamètre de chemin parcouru en tournée ; ils auraient la faculté de correspondre en franchise, sous bandes, avec les ingénieurs, les maires et adjoints, et les conducteurs ; ils résideraient dans la même ville que l'ingénieur, sous les ordres duquel ils seraient placés, et dans les intervalles de leurs tournées, ils travailleraient sous sa direction, et dans son bureau, aux objets de service général.

Nous pensons qu'au moyen de ces dispositions, le service des routes serait plus complètement et mieux assuré, et qu'il y aurait une économie réelle dans les frais de surveillance. D'un autre côté, les ingénieurs qui préféreraient s'occuper de la navigation, ou des grands ouvrages d'art, seraient délivrés des soins minutieux et des assujétissemens qu'entraînent les travaux de routes, et par là plus libres de se livrer entièrement aux recherches, aux études approfondies et à la surveillance immédiate qu'exige cette classe de travaux ; en même temps, un plus grand nombre d'ingénieurs serait disponible pour les travaux qui s'exécutent par concession ; c'est pourquoi nous pensons que les mesures que nous proposons seraient aussi avantageuses aux ingénieurs, qu'au perfectionnement des travaux, dans chacune des branches du service général des ponts et chaussées.

VERSAILLES. — IMPRIMERIE DE ALLOIS,
Avenue de St-Cloud, n° 5.